Fernando Azevedo
Maria da Graça Sardinha
Paulo Osório
António Pais
(Coord.)

Elementos de Didática da Língua e da Literatura em Contexto Pedagógico

Fernando Azevedo
Maria da Graça Sardinha
Paulo Osório
António Pais
(Coord.)

Elementos de Didática da Língua e da Literatura em Contexto Pedagógico

Braga
Centro de Investigação em Estudos da Criança
Instituto de Educação
Universidade do Minho

Este trabalho foi financiado por Fundos Nacionais através da FCT (Fundação para a Ciência e a Tecnologia) e cofinanciado pelo Fundo Europeu de Desenvolvimento Regional (FEDER) através do COMPETE 2020 – Programa Operacional Competitividade e Internacionalização (POCI) no âmbito do CIEC (Centro de Investigação em Estudos da Criança da Universidade do Minho) com a referência POCI-01-0145-FEDER-007562.

Título:	**Elementos de Didática da Língua e da Literatura em Contexto Pedagógico**
Coordenação:	Fernando Azevedo, Maria da Graça Sardinha, Paulo Osório, António Pais
Capa:	#63772424 | © Pavla Zakova - Fotolia.com
Edição:	Centro de Investigação em Estudos da Criança, Instituto de Educação, Universidade do Minho
	Braga (Portugal)
	http://www.ciec-uminho.org/
Coleção	Estudos Literários
ISBN:	978-972-8952-40-2
Depósito legal:	418634/16
Data:	2016

Índice

Organizadores

Fernando Azevedo é docente na Universidade do Minho, no Departamento de Estudos Integrados em Literacia, Didática e Supervisão. A sua investigação centra-se na Formação de Leitores e na Literatura Infantil. É investigador do Centro de Investigação em Estudos da Criança (CIEC).

Maria da Graça Sardinha é docente na Universidade da Beira Interior, no Departamento de Letras. A sua investigação centra-se na Formação de Professores, mais particularmente nas áreas da Leitura, da Literacia e das Metodologias. É investigadora do LabCom.IFP

Paulo Osório é docente na Universidade da Beira Interior, no Departamento de Letras. A sua investigação centra-se nas áreas da Linguística Teórica e da Linguística Aplicada ao Ensino de Línguas. É investigador do LabCom.IFP

António Pais é docente no Instituto Politécnico de Castelo Branco, Escola Superior de Educação. A sua investigação centra-se na área da didática do português, tendo-se dedicado, enquanto supervisor pedagógico, à prática de ensino supervisionada.

Autores

António Pais é Doutor pela Universidade Complutense de Madrid. Docente no Instituto Politécnico de Castelo Branco, Escola Superior de Educação. A sua investigação centra-se na área da didática do português, tendo-se dedicado, enquanto supervisor pedagógico, à prática de ensino supervisionada.

Fernando Azevedo é Doutor pela Universidade do Minho. Docente no Instituto de Educação da Universidade do Minho.

João Machado é Doutor em Letras pela Universidade da Beira Interior. Docente no Instituto Politécnico de Castelo Branco, Escola Superior de Artes Aplicadas. A sua investigação centra-se nas áreas da Leitura, da Literacia e da Cultura. Encontra-se a realizar um pós-doc em Estudos da Criança na Universidade do Minho.

Luis Vicente Goméz é doutorado em Filologia Moderna pela Universidade de Salamanca. Exerce funções na Escola Superior de Educação do Instituto Politécnico de Castelo Branco. Desenvolve trabalho de investigação nas áreas do ensino do Espanhol Língua Estrangeira e da Gramática Contrastiva.

Lucia Sofia Frutuoso Vaz é Mestre em Português-Espanhol pela Universidade da Beira Interior.

Maria da Graça Sardinha é Doutora em Letras pela Universidade da Beira Interior.

Paula Dinis Rosa é Mestre em Tecnologia Educativa pela Universidade de Lisboa. Exerce, desde 1995, funções no Instituto Camões no Ensino de Português em Espanha. Em paralelo com a atividade docente, desenvolve trabalho de investigação nas áreas do Ensino do Português Língua Estrangeira e da relação TIC/Ensino da Língua.

Paulo Osório é Doutor em Letras pela Universidade da Beira Interior. Docente na Faculdade de Letras da Universidade da Beira Interior.

Teresa Gonçalves é Doutora pela Universidade de Salamanca. Exerce funções na Escola Superior de Educação do Instituto Politécnico de Castelo Branco. Desenvolve trabalho de investigação nas áreas do Ensino do Português Língua Estrangeira e da Didática da Língua Materna.

Thania Teixeira Asinelli é Doutora em Educação pela Universidade René Descartes / Paris V (Sorbonne, França, 2003). Realiza um Pós-doutorado na Universidade do Minho. É consultora em Educação. Desenvolve trabalho na na área de Alfabetização/Letramento e Capacitação de professores. É autora de livros didáticos.

Os lugares da escrita, da leitura e da gramática na compreensão do texto: Subsídios para uma reflexão [1]

Fernando Azevedo
CIEC, Universidade do Minho
Maria da Graça Sardinha
Universidade da Beira Interior

A necessidade de investigar acerca das formas de interrogar o texto na sala de aula motivou, junto dos professores dos vários níveis de ensino, a indagação sobre práticas e constrangimentos no que se refere a metodologias enquadradas na didática do texto.

Cremos, de igual modo, que as atividades e os materiais selecionados e a metodologia seguida podem ser, frequentemente, a causa de problemas diversos no domínio e capacidade de exercitação da língua por parte dos seus utilizadores.

A par destas iniciativas, salientamos, igualmente, o esforço dos docentes, as suas práticas de leitura, na sala de aula, servindo-se, para o efeito, frequentemente, das obras aconselhadas pelo Plano Nacional de Leitura (PNL). Com efeito, é do conhecimento geral que as escolas têm abraçado múltiplos projetos, sendo que as bibliotecas escolares têm realizado sessões de leitura com regularidade, convidando os professores a

---

[1] Azevedo, F. e Sardinha, M. G.; (2016). Os lugares da escrita, da leitura e da gramática na compreensão do texto: Subsídios para uma reflexão. In F. Azevedo, M. G. Sardinha, P. Osório e A. Pais (Coord.), *Elementos de Didática da Língua e da Literatura em Contexto Pedagógico* (pp. 1-3). Braga: Centro de Investigação em Estudos da Criança / Instituto de Educação. ISBN: 978-972-8952-40-2.

---

trazerem ali as suas turmas, de forma a aumentar os níveis de literacia dos alunos.

Se, em todos os projetos e estudos apresentados neste livro, a leitura é um eixo de onde e para onde tudo converge, propomo-nos apresentar uma reflexão sobre a leitura, a escrita, a gramática e as práticas que lhe estão inerentes, apoiando-nos, por vezes, em propostas de planificação para a sala de aula.

Atrevemo-nos a afirmar que a leitura atualmente ganhou um valor multidimensional, significando que abarca dimensões tais como: i) informativa; ii) formativa; iii) socializadora; iv) lúdica; v) estética e cultural, tornando-se uma prática indispensável no mundo em que vivemos. De facto, no nosso quotidiano, somos bombardeados, a toda a hora, por folhetos informativos, brochuras publicitárias, instruções que acompanham os aparelhos eletrónicos, imprensa, televisão, cinema, computadores, leitura de horários, consulta de lista telefónica, prescrições médicas, preenchimento de formulários e inquéritos, entre outras situações diárias.

Ao longo dos textos explorados, são apresentados aspetos que nos sugerem imagens que podem ser trabalhadas na escola atual, onde a existência de um manual, quer queiramos ou não, é uma realidade, necessitando de um olhar clínico para que o docente possa trabalhar enquanto crítico construtivo.

Neste âmbito, o professor, enquanto mediador da leitura, deverá assumir um papel interventivo capaz de conferir um estímulo aprazível ao ato de ler. Para esse efeito, terá de ser criterioso na escolha dos textos a apresentar, analisá-los, planificar atividades a desenvolver, realizando tarefas de expressão oral/escrita, expressão plástica, expressão dramática, etc. Terá, igualmente, de variar as estratégias e adaptá-las, sempre com a pretensão de ampliar a literacia do aluno, tentando fazer a ponte com as restantes áreas curriculares disciplinares e áreas curriculares não disciplinares. Acreditamos que um bom texto ajuda a desenvolver a competência literária, a competência

2

literácita e a competência enciclopédica do aluno, alguns dos objetivos contemplados nos vários normativos oficiais.

Vários são os autores que consideram que as escolas são espaços, onde os alunos podem desenvolver atividades diárias, estabelecendo relações sociais, ajudando-os a ter uma mente mais aberta face à democracia pluralista das atuais sociedades multiculturais, pois o conhecimento cultural sobre as diversas culturas é um agente determinante para a formação da cidadania do ser humano, cabendo ao professor criar as condições necessárias para que o sujeito seja parte integrante do processo cultural, sentindo que tem direito a aprender, que é um ser importante e que a sua cultura e as dos outros contribuem para a cultura do seu país.

Com efeito, formar bons leitores não é tarefa fácil, como temos vindo a afirmar, noutros lugares.

O verdadeiro professor, aquele que a escola do séc. XXI exige, é aquele que vê na leitura um processo holístico, sendo que para o seu desenvolvimento deve incrementar atividades que obriguem a pensar, a refletir, a ser capaz de exercer o sentido crítico, com base no diálogo, na cooperação e na recetividade do aluno.

Para finalizar, reiteramos que cabe ao docente fazer com que o sujeito se envolva nas diferentes mensagens que o texto contém, dado a sua natureza frequentemente polifónica e dialógica, encaminhando-o para percursos plenos de possibilidades diferenciadas do mundo empírico e histórico-factual e simultaneamente para o desenvolvimento da sua sensibilidade, imaginação e criatividade.

CIEC, Instituto de Educação, Universidade do Minho, 2016

Capítulo 1

Escola e Literatura [2]

Thania Teixeira Asinelli
Fernando Azevedo
CIEC, Universidade do Minho

Surpreendentes são as reações dos pequenos, diante de uma história lida por alguém que o faz com propriedade: fluência, entonação, cadência, ritmo adequados e, especialmente, envolvimento. O encantamento perante a literatura é refletido no olhar, no jeito de ouvir, no corpo inteiro, como se o encantamento levasse a outras dimensões, absorvendo pensamentos e desejos. As sensações ocorrem na totalidade dos sentidos: ouve-se, mas os sabores, as visões, as texturas podem ser sentidas nas suas plenitudes, associadas às experiências vividas. É de cada um o direito de deixar fluir as emoções, o deleite, o imaginário.

Longe de uma compreensão padronizada, a relação com textos literários está além do entendimento raso e normatizado, como toda a obra de arte. O estético supera a tecnicidade dos meios e dos instrumentos, portanto, é hedonista e, ao mesmo

---

[2] Asinelli, T. T. e Azevedo, F. (2016). Escola e Literatura. In F. Azevedo, M. G. Sardinha, P. Osório e A. Pais (Coord.), *Elementos de Didática da Língua e da Literatura em Contexto Pedagógico* (pp. 5-10). Braga: Centro de Investigação em Estudos da Criança / Instituto de Educação. ISBN: 978-972-8952-40-2.

tempo, perene: "algo imortal feito por mãos mortais" (Arendt, 1989:181).

Como esperar sentimentos "iguais" de seres diferentes na essência, na trajetória, no repertório, nas relações que o social lhes impõe? Inaceitável, porém, mais comum do que se imagina. Menos admissível, ainda, quando a exigência vem de educadores que estipulam interpretações, deixando à margem aquelas que não correspondem ao traçado exatamente na obra ou parecerem distantes e diferentes das ideias preconcebidas do professor.

Sem, absolutamente, desconsiderar o valor dos "contadores de histórias" - especializados na arte da narrativa, nas caracterizações dos personagens e ambientes, no uso de estratégias convincentes e atrativas, qualquer pessoa - dotada das habilidades básicas necessárias para uma boa leitura, o quê foi mencionado anteriormente: ritmo, fluência, entonação, cadência - está credenciada a ler histórias, com sucesso. Há, todavia, um requisito indispensável, para o leitor: gostar de ler; passar nas suas narrativas as sensações e a "verdade" de cada episódio lido ou contado, de forma a estabelecer confiança, cumplicidade, aconchego e fascínio.

A cultura da "contação de histórias", ganha terreno, no Brasil, constituindo uma profissão mais e mais valorizada. Importante, que seja assim, pois, esses profissionais trazem nas suas bagagens (em duplo sentido), além da performance apropriada, uma profusão de objetos e vestimentas, capazes de transpor barreiras e causar impacto irresistível, nas crianças. Convém assinalar, no entanto, que muitas escolas e professores não dispõem de tal regalia e, nem por isso, devem deixar uma atividade fundamental, como esta, em segundo plano ou sua realização relegada a raras ocasiões. Fruto de observações e de contatos com professores verifica-se que muitos docentes veem, ainda, a literatura como uma atividade de menor importância. Alegam a ausência de seu caráter utilitário e, portanto, deve servir para preenchimento de horários vagos ou atribuem-lhe um papel de coadjuvante.

É imperativo que se recupere, nas escolas brasileiras e nas escolas portuguesas, o protagonismo da literatura, atrelado ao entendimento que seu uso é capaz de (re)construir a dimensão humana, a busca do implícito, da estética, do *nonsense*, como forma de abertura de horizontes, de viagens para dentro e fora dos pequenos grandes mundos dos aprendizes, em espaços e tempos inimagináveis, em que as lacunas são completadas pelo leitor/ouvinte, não mais conformado com certezas absolutas.

Entretanto, há experiências merecedoras de destaque, no trabalho com gêneros literários, em escolas públicas brasileiras, em que professores e alunos mergulham no universo da ficção, a partir de diferentes portadores de textos e de um elenco considerável de autores. Nesses casos, observa-se um ganho enorme para alunos e docentes. Percebe-se, claramente, o desenvolvimento do potencial crítico e criativo das crianças, da sensibilidade, além da aquisição de conhecimentos, habilidades, percepções e abstrações, fundamentais para a estrutura do pensamento e da linguagem.

Entre muitos encaminhamentos bem sucedidos voltados à literatura na escola, o exemplo que segue é, especialmente, oportuno:

Em abril de 2002, o jornal *Folha de São Paulo* veiculou o artigo intitulado: "Por que eles não conseguem ler?", do professor de Língua Portuguesa, em escolas públicas da cidade de São Paulo, Luiz Marques. Confirmando o desastroso resultado de uma pesquisa conduzida pelo Programa Internacional de Avaliação de Alunos da OCDE (Organização para Cooperação e Desenvolvimento Econômico): estudantes brasileiros de 15 anos não eram capazes de compreender o sentido de pequenos textos, próprios para sua faixa etária, o professor Marques, afirma: "Percebi que vencia do ponto de vista curricular, mas fracassava do ponto de vista educacional".

Acidentalmente, Luiz Marques se deparou com o conto "A terceira margem do rio", de Guimarães Rosa (1988) e decidiu ler para os alunos, o que o fez com a excelência de um leitor contumaz. Houve certa apatia dos alunos, no início, fruto do inusitado. Ao serem questionados sobre o destino do pai, na história, sentiram-se desconfortáveis, mas, aos poucos demonstravam identificar-se com o texto, pois, entre os estudantes havia alguns que desconheciam o próprio genitor ou o perderam muito cedo. Consternação e sentimentos variados invadiram os alunos. Marques passou a adotar, habitualmente, a leitura de outros textos de Guimarães Rosa e de diferentes autores. Em seguida, veio a alentadora constatação: "Pouco a pouco, meus alunos começaram a agir criticamente, elogiando ou não as leituras, preferindo ou preterindo este ou aquele texto ou escritor. Minha fuga do rígido currículo havia valido a pena: todos se envolveram".

A alusão de Marques à "fuga do rígido currículo" implica, também, uma certa libertação do livro didático que, em casos frequentes, é um entrave para o envolvimento e o interesse dos aprendizes. Embora, haja obras didáticas bem estruturadas, que primam pela qualidade na escolha de textos literários e de suas análises, muitos são questionáveis, servindo-se da literatura de forma fragmentada e como pretexto para o ensino dos aspectos gramaticais da língua. Sem contar, com a seleção de textos de caráter ideológico, voltados à doutrinamentos, que impõem preceitos, no intuito de "ajustar" e normatizar comportamentos. E, se o livro didático estiver calcado em "ensinamentos" de tal natureza, não seria função do professor estabelecer o debate, suscitar a reflexão, instalar desafios?

Para muitos professores, o livro didático é o único material usado em suas aulas e, quando questionados a esse respeito, alegam falta de tempo para pesquisar e preparar outros recursos.

O próprio MEC (Ministério de Educação e Cultura), organismo oficial que faz a seleção e a distribuição dos livros didáticos, para as escolas públicas brasileiras, reconhece:

> Em maior ou menor medida, todas as coleções colaboram para o desenvolvimento da proficiência em leitura; mas ainda é reduzido o número das que também se ocupam em mobilizar e desenvolver capacidades envolvidas na formação do leitor literário. (MEC, 2008:21).

Nossas crianças e nossos jovens são carentes dos múltiplos prazeres que a leitura literária oferece. Carentes, também, da liberdade de manusear, ler muitas vezes a mesma obra, ou deixar de lado aquelas que não lhes apetecem no momento, para buscá-las em outra ocasião, ou, simplesmente, esquecê-las. A relação com a leitura é afetiva. Morais (1995) defende a ideia de que em tenra idade a criança faz as primeiras descobertas, nos textos que ouve: "O primeiro passo é a audição de livros. A audição da leitura feita por outros tem uma tripla função: cognitiva, linguística e afetiva." (Morais, 1995:171).

Em geral, atribui-se pouca importância à audição de histórias, indicada não apenas, aos pequenos, mas a todas as faixas etárias, partindo-se do princípio que a todos convém a partilha de uma leitura bem feita. Quem sabe, assim, estaríamos minimizando tantas dificuldades e resistências com relação ao tão decantado "gosto pela leitura"?

Há que se atribuir à escola, a formação de leitores de obras literárias, haja vista a ausência cada vez mais expressiva da disponibilidade das famílias, neste quesito. Assim, reportamo-nos, ainda, a Morais (1995:172):

> A leitura em voz alta de livros de história não deveria, entretanto, ser uma prerrogativa dos pais. Ela deveria fazer parte da escola maternal. A leitura para o grupo suscita interações e formas de partilha intelectual entre colegas que a relação pai-criança

não pode oferecer. Ela tem a grande vantagem democrática de contribuir para não deixar definitivamente a reboque as crianças cujos pais não leem para elas ou simplesmente não leem.

Mas é necessário que ela (escola) saiba discernir o que convém e o que não convém aos alunos, por exemplo: "o verbo ler não suporta o imperativo" (Pennac, 1992:13). Entre as inúmeras assertivas, desse autor, a "gratuidade" do ouvir uma história agrega ainda maior prazer: "(...) Não se exigia nada, nessa viagem, sequer a menor contrapartida. Lá, tudo se passava como se fosse o país da gratuidade. A gratuidade, que é a única moeda da arte" (Pennac, 1992:38).[3] Encontra-se aí a sedução da literatura: proporcionar o deleite, sem o compromisso de retorno.

Referências

Arendt, H. (1989). *A Condição Humana*. Rio de Janeiro: Forense Universitária.

Marques, L. (2002). Por que eles não conseguem ler? *O Estado de São Paulo*. São Paulo, 14 abr. 2002. Caderno A, p.19.

Ministério da Educação (2008). *Guia de livros didáticos 5ª a 8ª séries – PNLD 2008.* Brasília: MEC/SEF.

Morais, J. (1996). *A arte de ler*. São Paulo: UNESP.

Pennac, D. (1992). *Comme um roman*. Paris: Gallimard.

Rosa, G. (1988). *Primeiras Estórias.* Rio de Janeiro: Editora Nova Fronteira.

---

[3] Tradução de Thania Teixeira Asinelli.

Capítulo 2

Processo inferencial nos manuais escolares
O modelo de Cunningham[4]

Maria da Graça Sardinha
Universidade da Beira Interior
Fernando Azevedo
CIEC, Universidade do Minho
Lúcia Vaz

Introdução

Os manuais apresentam inúmeras formas de questionar sendo que, frequentemente, não aplicam estratégias que levem os alunos a reflexões metacognitivas. As pontes exercidas pelo texto oferecem um fraco grau de dificuldade, não exigindo uma relação profunda entre os sistemas mentais do leitor e o próprio texto. Em Cunningham (cit. por Giasson, 2000), encontramos diferenças significativas entre respostas baseadas no texto e baseadas em esquemas, o que sugere a compreensão literal, a compreensão

---

[4] Sardinha, M. G.; Azevedo, F. e Vaz, L. (2016). Processo inferencial nos manuais escolares. O modelo de Cunningham. In F. Azevedo, M. G. Sardinha, P. Osório e A. Pais (Coord.), *Elementos de Didática da Língua e da Literatura em Contexto Pedagógico* (pp. 11-30). Braga: Centro de Investigação em Estudos da Criança / Instituto de Educação. ISBN: 978-972-8952-40-2.

criativa e a compreensão feita unicamente através dos esquemas mentais do leitor. Enquanto docentes, entendemos que nem sempre os manuais permitem que ao aluno seja dada a oportunidade de "treinar" todo o tipo de inferências para que este possa ir mais longe do que revela a superfície do texto. De facto, o mesmo autor considera que uma resposta é literal, quando esta for semanticamente equivalente ao texto ou a uma parte do texto, apoiando-se na gramática e na sintaxe. Porém, é necessário que o professor saiba ir mais além, criando estratégias para que o aluno possa, através dos conhecimentos anteriores, encontrar múltiplas possibilidades para poder realizar inferências criativas.

As inferências no manual de Português e no manual de Espanhol

O processo inferencial está diretamente relacionado com as estratégias de aprendizagem da leitura que podem ser partilhadas com outras aprendizagens.

De acordo com Sardinha (2011), as estratégias de aprendizagem da leitura podem ser diretas e indiretas, sendo que as primeiras apontam para a memória e para os aspetos cognitivos, e as segundas para os aspetos metacognitivos. As diretas implicam resumir ou fazer deduções; as indiretas permitem organizar, estabelecer objetivos, avaliar e planificar as tarefas de língua.

O estudo que aqui se apresenta consistiu na análise de dois manuais escolares utilizados em sala de aula para a aprendizagem da língua. Um manual de Português para o 10º ano (estudo da língua materna) e um manual de Espanhol, para o 8º ano (estudo do castelhano como língua estrangeira).

Passamos então a analisar a forma como estes manuais se dirigem aos alunos, no sentido de perceber de que modo estes são convidados a utilizar estas estratégias de aprendizagem leitora.

Análise: compreensão de grelhas

O estudo de como são trabalhadas as inferências nos manuais de Português e Espanhol será feito com base no modelo conceptual de inferências de Cunningham (1987) e na sua respetiva escala. Sendo que o autor refere essencialmente importantes, para a compreensão leitora e o próprio processo de leitura, as inferências lógicas, as inferências pragmáticas e as inferências criativas, será com elas que também vamos trabalhar.

Serão construídas três grelhas: a primeira, onde serão estudadas as inferências lógicas; a segunda, as inferências pragmáticas; e a terceira, as inferências criativas. As referidas grelhas serão baseadas (três) no manual de Português, *Novo Plural 10*, da Porto Editora, no 4° capítulo ("A expressão poética dos sentimentos"); e (três) no manual de Espanhol, *PasaPalabra*, nível A2.1, da Raiz Editora, no 2° capítulo ("Quién hace qué").

Manual de Português: "A expressão poética dos sentimentos"

Inferências Lógicas	
Pag.190	"Nos segundo e terceiro parágrafos, caracteriza-se e conta-se a história da palavra *saudade*. Qual é a característica mais peculiar desta palavra e como é demonstrada essa peculiaridade?"
Pag.190	"No Leal Conselheiro, o rei D. Duarte debruça-se sobre a portugalidade da palavra saudade e acrescenta uma outra reflexão. Explicita-a."
Pag.191	"Camões é citado no quinto parágrafo. De acordo com a primeira citação, de que temos saudades? Por que razão considera o poeta que a saudade é falaciosa? Indica a frase que sintetiza a posição do poeta sobre a saudade."
Pag.195	"Mostra que o 1.° parágrafo funciona como introdução. Identifica a frase que, neste parágrafo, corresponde à informação-chave para o desenvolvimento do texto."

Pag.195	"Considera os parágrafos 2 a 6. Resume o conteúdo de cada um deles numa só frase."
Pag.195	"Atenta no último parágrafo. Apesar do atraso relativamente a outros países, Portugal parecia recuperar. Por que razão não recuperou? Qual a consequência que daí adveio?"
Pag.200	"Este poema é um retrato vivo, um retrato em movimento, de Leonor. Refere as palavras que conferem movimento à descrição."
Pag.200	"Reproduz o quadro abaixo, no teu caderno, e completa-o com elementos do poema."

Traços físicos	Vestuário	
	Peças de roupa	Cor

Pag.200	"Indica as expressões que sugerem traços psicológicos?"
Pag.201	"Nos primeiros nove versos das voltas, o sujeito poético revela as transformações que os *olhos de Helena* provocam na Natureza. Sobre que elementos da Natureza incidem, modificando-os, os olhos de Helena?"
Pag.202	"Ao longo do texto, o sujeito poético vai caracterizando Bárbara, ao mesmo tempo que exprime o seu amor por ela. Regista todas as expressões do texto relativas a traços físicos."
Pag.202	"Indica outros versos de sentido equivalente."
Pag.203	"O «desconcerto do mundo» é apresentado através da oposição «bons» / «maus.» - Identifica as expressões nominais cujo sentido reforça esta oposição."
Pag.205	"Nas quadras, são enumerados elementos da Natureza. Aponta-os."

Pag.205	"Nomes, adjetivos e uma oração relativa sublinham as qualidades dos elementos. No teu caderno, preenche o quadro proposto, fazendo o levantamento dessas qualidades e associando-as aos respetivos elementos da Natureza"

Elem. da Natureza	Nomes	Adjetivos	Oração relativa
serra	fermosura	fresca	

Pag.205	"Tendo em conta as respostas anteriores, carateriza a Natureza representada. (Consulta a caixa em baixo.)"
Pag.205	"Aponta exemplos de aliteração que conferem musicalidade ao poema."
Pag.206	"O soneto apresenta um retrato feminino. Regista 11 nomes (ou expressões que funcionem como tal) referentes a pormenores do retrato."
Pag.206	"As características apresentadas apontam, essencialmente, para um retrato físico ou psicológico? Justifica a tua resposta."
Pag.206	"Indica o(s) verso(s) que transmite(m) uma impressão global da figura retratada."
Pag.207	" «Ondados fios de ouro reluzente» - O que se pretende representar através desta metáfora?"
Pag.207	"Sugere adjetivos que caracterizem os «olhos», retratados na segunda estrofe."
Pag.211	"Para encontrar a resposta para a pergunta, a jornalista utilizou um método original. Descreve-o, muito sucintamente."
Pag.211	"O resultado da experiência mostra que o conceito de beleza é profundamente subjetivo e variável. Segundo o texto, que fatores determinam essa variabilidade?"
Pag.211	"Refere os exemplos relatados que melhor confirmam essa conclusão."
Pag.212	" «Amor é...», assim se introduz uma definição. Delimita, no poema, a parte correspondente às «definições» do amor."
Pag.212	"Identifica o verso que faz a síntese das definições

	propostas ao longo do poema."
Pag.213	"Que papel desempenhou o Amor na mudança de um para o outro momento?"
Pag.214	"A mudança processa-se de modo diferente na natureza e no homem. Indica os versos que evidenciam esta diferença."
Pag.215	"A reflexão sobre a vida pessoal suscita no sujeito poético sentimentos contraditórios: cansaço de viver/pena de caminhar para o fim. Identifica, na primeira estrofe, os versos que expressam estes sentimentos."
Pag.215	"O discurso utilizado evidencia estas contradições. Assinala os verbos antónimos."
Pag.215	"Das hipóteses abaixo formuladas, seleciona a que consideras verdadeira. Refletindo sobre a vida pessoal, o sujeito poético manifesta sentimentos contraditórios – cansaço de viver e pena de estar próximo do fim, porque a) Apesar do cansaço, não quer deixar a vida. b) Apesar de cansado, ainda tem esperança. c) Cada vez tem menos esperança de alcançar o que toda a vida procurou e, portanto, o seu cansaço terá sido inútil."
Pag.216	"Como no poema da página anterior, o sujeito poético faz uma reflexão sobre a vida pessoal, apresentando-se, agora, como vítima de uma conjura. Quem foram os conspiradores?"
Pag.216	"Que expressão marca a presença do passado na sua memória?"

Fig. 1. Escala de inferências de Cunningham aplicada no manual de Português, Capítulo 4 – Inferências Lógicas

Inferências Pragmáticas	
Pag.190	"No parágrafo de introdução do texto, estabelece-se uma relação entre globalização e identidade. Explica essa relação"
Pag.190	"Segundo Jacinto do Prado Coelho, «será uma simplificação grosseira reduzir a saudade a uma espécie de

	masoquismo da alma lusitana». Explica o sentido desta afirmação."
Pag.191	"No penúltimo paragrafo, é referida a importância da palavra *saudade* para nomear a complexidade do que sentimos face às perdas provocadas por causas diversas. Estabelece a correspondência entre a coluna da esquerda e a da direita, de acordo com o sentido do texto. *Causa* *Efeito* a) Emigração irrecuperável a) Saudade da felicidade b) Passado histórico origem b) Saudade da terra de c) Passagem do tempo passada" c) Saudade da grandeza
Pag.191	"Agora que analisaste o texto, experimenta elaborar o plano a que obedece, considerando os seguintes aspetos: - Introdução (tema apresentado) - Desenvolvimento (tópicos relevantes) - Conclusão (relação com a introdução e o desenvolvimento) "
Pag.192	"Lê, expressivamente, os poemas da página a seguir. Identifica o tema de cada um deles. Justifica a composição estrófica e a métrica predominantemente usadas."
Pag.195	"Identifica o tema do texto, utilizando o título a que deverás acrescentar um adjetivo."
Pag.200	"Que valor simbólico atribuis às cores do vestuário?"
Pag.200	"Faz a análise da estrutura formal do poema (composição estrófica, métrica, rima)."
Pag.201	"Refere os verbos e/ou adjetivos que indicam os efeitos da Natureza nos olhos de Helena."
Pag.201	"Traça, agora, o retrato de Helena."
Pag.202	"Considerando os elementos (físicos) recolhidos, traça o retrato de Bárbara."
Pag.202	"Aponta as três comparações usadas para enaltecer a beleza de Bárbara."

Pag.202	"Expõe em que medida o retrato da escrava Bárbara contraria e segue o modelo de mulher ideal renascentista. (Consulta os textos das pp. 198-199.)"
Pag.202	"Faz a análise formal do poema, considerando: agrupamento estrófico, métrica, rima."
Pag.203	"«Assim que, só pera mim / Anda o Mundo concertado.» - Ao estabelecer a relação entre si e o mundo, o que conclui o sujeito poético?"
Pag.204	"A primeira estrofe enuncia o propósito deste soneto. Identifica a forma verbal que exprime esse propósito. Explicita o desejo expresso pelo sujeito poético."
Pag.204	" «Ela» inicia as três estrofes seguintes. Qual é o nome a que se reporta este pronome?"
Pag.204	"O poema desenvolve o tema da dor da separação. Qual é o papel da «madrugada» nessa separação?"
Pag.205	"«Enfim, tudo o que a rara Natureza / Com tanta variedade nos oferece» - Explica a relação de sentido entre estes versos e as estrofes anteriores."
Pag.205	"Carateriza o estado de espírito do sujeito poético."
Pag.205	"Analisa o agrupamento estrófico e explica como se ajusta à construção do sentido."
Pag.206	"A cada um desses aspetos de pormenor são atribuídas determinadas características. Para o fazer, que classe de palavras é, predominantemente, utilizada? Transcreve três exemplos que o confirmem."
Pag.206	"Explica o poder que essa mulher tem sobre o sujeito poético."
Pag.206	"Conclui-se que este soneto se organiza em duas partes lógicas. Delimita-as, justificando."
Pag.207	"Que efeitos têm esses olhos sobre o sujeito poético?"
Pag.211	"«O que é a beleza para um indivíduo e para a cultura do seu país»? Esta é a pergunta-problema desencadeadora do desafio. O que pretendia a jornalista indagar, ao formular assim o ponto de partida da sua investigação?"
Pag.212	"O Amor é definido, fundamentalmente, através dos efeitos que provoca. Como se evidencia, nas três primeiras

	estrofes, a dificuldade da definição?"
Pag.212	"Aponta os três recursos expressivos que predominam nas sucessivas definições do amor."
Pag.212	"«Amor é um fogo que arde sem se ver, / É ferida que dói e não se sente». Estes dois primeiros versos iniciam uma sucessão de definições contraditórias. Interpreta o valor dessa dimensão repetidamente contraditória."
Pag.213	"Numa reflexão sobre a sua obra lírica, o sujeito poético faz suceder dois momentos, marcados pelos conectores *enquanto* e *porém*. Como é caracterizado o primeiro desses momentos?"
Pag.213	"Que relação estabelece o conector porém entre o primeiro e o segundo momento?"
Pag.213	"Como justifica o sujeito poético essa intervenção do Amor?"
Pag.213	"Nos tercetos, o sujeito poético dirige-se a um destinatário específico. Que recurso expressivo utiliza para se lhe dirigir? Que características deverá ter esse destinatário? Qual o aviso que lhe dirige?"
Pag.214	"Este soneto apresenta um motivo renascentista de raiz greco-latina – o tema da mudança. Assinala as palavras do campo lexical de *mudança*."
Pag.214	"Mostra como se diferenciam a mudança na Natureza e a mudança no ser humano."
Pag.215	"«Perde-se-me um remédio que inda tinha». Esse remédio é a esperança. Explica como esta se foi perdendo ao longo da vida."
Pag.215	"O sujeito poético apresenta a sua vida como uma «peregrinação cansada» e, nos tercetos, como uma busca incessante. O que procura alcançar? Esforçou-se por o conseguir? Justifica a resposta. Valeu a pena essa busca? Justifica."
Pag.216	"«Perdição» é a palavra que o sujeito utiliza para definir o percurso da sua vida. Lê, atentamente, a segunda estrofe. Que ideia transmite o sujeito poético do seu passado?"
Pag.216	"Nos versos 9 a 12 estabelece-se uma relação entre os

| | elementos responsáveis pela perdição. Qual foi o grande «erro» que o sujeito poético cometeu ao longo da vida? Que contributo deu a «Fortuna» para a sua perdição?" |

Fig. 2. Escala de inferências de Cunningham aplicada no manual de Português, Capítulo 4 – Inferências Pragmáticas

Inferências Criativas	
Pag.191	"No quarto parágrafo, a saudade é caracterizada numa dupla dimensão de ausência e presentificação. Essa duplicidade é, de certa forma, contraditória. Porquê?"
Pag.191	"Relaciona a conclusão com a introdução do texto."
Pag.191	"Consultando a caixa da página 17, sobre a exposição, mostra as marcas de género que o texto contém."
Pag.192	"Comparando com a poesia trovadoresca, aponta semelhanças genéricas, ao nível de: temas, composição estrófica e métrica predominante, nesta poesia palaciana."
Pag.200	"Explica de que forma (as cores do vestuário descritas) contribuem para um retrato valorativo: ❖ As palavras «prata» e «ouro»; ❖ A comparação; ❖ A hipérbole; ❖ As orações subordinadas consecutivas da última estrofe."
Pag.200	"Propõe uma explicação para o refrão «*Vai fermosa, e não segura*»."
Pag.200	"Aproxima este poema da cantiga de amigo da página 30 e aponta traços comuns relativos aos seguintes aspetos: cenário, caracterização da rapariga."
Pag.201	"O que se pretende evidenciar através da repetição da forma verbal *faz*?"
Pag.201	"«se isto faz nos montes,/que fara nas vidas?» - O que faz nas vidas? Porquê?"
Pag.201	"Indica os recursos expressivos usados para sugerir este poder transformador."
Pag.201	"«na luz de seus olhos»; «com graça inumana» - Procura interpretar o valor expressivo da palavra «luz» (dos olhos de Helena), relacionando-o com o adjetivo «inumana»."
Pag.202	"«Aquela cativa,/que me tem cativo,» - Identifica e

	interpreta o recurso expressivo usado nestes versos."
Pag.203	"Explica o valor expressivo da repetição «vi sempre». – Que efeito causou no sujeito poético aquilo que ele viu «sempre»?"
Pag.203	"Lê o poema trovadoresco abaixo transcrito e aponta semelhanças com o poema de Camões, relativamente aos seguintes tópicos: ponto de partida para a reflexão; aspetos observados; conclusões do poeta."
Pag.204	"Relaciona estrutura anafórica com o propósito enunciado na primeira estrofe."
Pag.204	"Explica a intenção com que se utiliza cada uma das metáforas hiperbólicas dos tercetos."
Pag.204	"Feita a análise do soneto, justifica a caracterização da «madrugada» como «triste e leda»."
Pag.204	"Relaciona a tua leitura do texto com a ilustração que a acompanha."
Pag.205	"Explica também de que forma o articulador *enfim* introduz o fecho do poema."
Pag.205	"A partir do último verso do 1.º terceto e até ao final do poema, o sujeito poético utiliza a 1.ª pessoa do singular, dirigindo-se a um interlocutor ausente. Indica os processos estilísticos que enfatizam a ausência do «tu»."
Pag.205	"Mostra como a ausência do destinatário influencia a visão da Natureza."
Pag.206	"Este retrato poético é, pois, construído através da acumulação de expressões nominais. Explica como a anáfora e a pontuação evidenciam este recurso à acumulação."
Pag.206	"Compara este soneto com as redondilhas «Se Helena apartar» (p.201) e «Endechas a Bárbara escrava» (p.202), ao nível do poder que a mulher amada tem sobre o amador e apresenta as tuas conclusões."
Pag.207	"Explica de que modo a metáfora evidencia e valoriza a mulher representada."
Pag.207	"Identifica o recurso expressivo utilizado para referir as «faces» e comenta a sua expressividade."
Pag.207	"Esclarece o sentido da interrogação retórica que finaliza esta estrofe."
Pag.207	"Lábios e dentes são representados de forma poética e valorativa. Explica como."

Pag.207	"Este soneto apresenta o retrato de uma mulher bela? Ou o retrato da Beleza? Qual das duas sugestões te parece mais de acordo com o poema? Justifica."
Pag.207	"«Um mover d'olhos brando e piadoso», «Ondados fios de ouro reluzente». Comparando os dois poemas, parece-te que um poderá complementar o outro?"
Pag.211	"Lembras-te de mais algum que possas acrescentar à lista? Se sim, explica porquê."
Pag.211	"«O Photoshop permite-nos alcançar os nossos padrões inatingíveis de beleza». Explica o sentido desta afirmação."
Pag.212	"O último terceto exprime a perplexidade do sujeito poético. Que valor atribuis à adversativa que inicia o terceto?"
Pag.212	"Explica a relação entre a perplexidade do poeta e as «definições» do Amor que propôs."
Pag.213	"Explica de que forma os dois últimos versos acentuam a ideia de que a reflexão poética traduz a experiência vivida."
Pag.214	"No último terceto refere-se uma mudança ainda mais surpreendente, que acentua o tom pessimista do poema. Em que consiste essa mudança «excecional»?"
Pag.216	"De que forma o passado interfere no futuro?"
Pag.216	"Interpreta o sentimento manifestado pelo sujeito poético, nos dois últimos versos."
Pag.217	"Lê, expressivamente, os poemas. Deteta, em sentido lato, a relação de cada um com o poema de Camões que o inspirou. Que conclusão podes retirar destas relações?"

Fig. 3. Escala de inferências de Cunningham aplicada no manual de Português, Capítulo 4 – Inferências Criativas

Manual de Espanhol: "Quién hace qué"

Inferências Lógicas	
Pag.42	"Ve el vídeo y memoriza las tareas que aparecen en él. Marca con una equis las tareas que has memorizado en el listado de abajo."
Pag.44	"Observa las viñetas y responde. ¿Qué sucede? ¿Qué solución encuentra el chico para poder salir?"
Pag.45	"Contesta las preguntas. ¿Cómo es el día de la madre? ¿En qué estado se encontraba la habitación de Enrique? ¿Cómo

	reacciona el hijo ante la llamada de atención de su madre? ¿Cuál es la postura de la madre ante la respuesta de Enrique?

Fig. 4. Escala de inferências de Cunningham aplicada no manual de Espanhol, Capítulo 2 – Inferências Lógicas

Inferências Pragmáticas	
Pag.43	"Si las tareas se reparten entre todos, nos quedará más tiempo libre. Completa la parrilla con la información relativa al reparto de las tareas domésticas en tu casa."
Pag.44	"Relaciona las viñetas con el título del texto."
Pag.45	"Lee los siguientes fragmentos del texto y relaciona cada uno con una característica del personaje en cuestión."
Pag.45	"Encuentra en el texto las expresiones equivalentes a las siguientes."
Pag.52	"Relaciona cada refrán con la explicación adecuada."
Pag.53	"Serás capaz de encontrar el refrán equivalente en portugués?"

Fig. 5. Escala de inferências de Cunningham aplicada no manual de Espanhol, Capítulo 2 – Inferências Pragmáticas

Inferências Criativas	
Pag.51	"Juego de roles. Organizaos en grupos de tres (padre, madre e hijo) y preparad un breve diálogo a partir del chiste. Luego, presentad vuestro trabajo al grupo."
Pag.51	"Negocios de familia (chiste). Observa la imagen y coméntala."
Pag.54	"Elige palabras clave que ilustren características, situaciones o curiosidades de tus rutinas escolares y familiares. Puedes utilizar estas u otras letras del alfabeto."

Fig. 6. Escala de inferências de Cunningham aplicada no manual de Espanhol, Capítulo 2 – Inferências Criativas

Conclusões

De acordo com o estudo realizado, e tendo por base a Teoria de Inferências de Cunningham (1987), podemos admitir que existe uma grande discrepância, entre os dois manuais

23

estudados, naquilo que é oferecido aos alunos, relativamente ao desenvolvimento de inferências, através de exercícios de leitura, para sermos mais específicos. Mas é de igual importância admitir que se trata de um estudo comparativo entre um manual de LM, de 10.º Ano, em que já se exige um desenvolvimento cognitivo elaborado por parte dos alunos; e um manual de LE, de 8.º Ano, em que se estuda um nível ainda inicial, mas simultaneamente, a fase etária dos alunos já permite um tipo de inferências com uma menor ligação direta ao texto. Ou seja, no manual de Língua Portuguesa, tratam-se conteúdos mais aprofundados, uma vez que o Português, para além de ser língua de estudo é também língua de comunicação. Deste modo, é exigível que o manual de Língua Portuguesa contenha inferências menos diretas ao próprio texto, exigindo aos alunos uma constante interação com a sua enciclopédia mental (Damásio e Sardinha, 2011).

Fundamentalmente, no manual de Espanhol, a competência linguística aliada à competência comunicativa, pressupõe o uso de inferências já mencionadas, ou seja, as de ligação direta ao texto. Os alunos já se encontram numa fase etária que envolve a compreensão das inferências menos ligadas diretamente ao texto, mas o nível de ensino de Ensino de Espanhol é ainda bastante elementar, isto é, nível 2.1.

Quanto ao Manual de Português – *Novo Plural 10*, entende-se, numa primeira análise, que as Inferências Lógicas, Pragmáticas e Criativas são repartidas pelos imensos exercícios que podemos ver propostos ao longo da Unidade em estudo. No entanto, é de destacar um maior número de Inferências Lógicas e também Pragmáticas, apelando-se pouco à criatividade do aluno.

No tocante ao Manual de Espanhol – *PasaPalabra*, é de realçar o uso quase nulo de exercícios que façam os alunos usar/treinar qualquer tipo de inferências mais elaboradas. Talvez por ser um manual dedicado a um de nível de língua inicial (A2.1) que não tenha, necessariamente, que exigir demasiado esforço aos estudantes nesse sentido, como já afirmámos. O facto de se tratar também do ensino de uma língua estrangeira faz com que não se possa fazer uma comparação linear e exímia com o Manual de Português, no que concerne ao estudo das inferências nos dois manuais, ou seja, os resultados apresentados têm de ter em conta as variáveis já identificadas, uma vez que, e voltamos a repetir, o português é língua de ensino e comunicação, exigindo inferências mais elaboradas.

Para melhor vermos as evidências retiradas da comparação feita em cada uma das inferências estudadas (lógicas, pragmáticas e criativas) nos dois manuais, construímos a seguinte tabela comparativa.

Tabela comparativa de Inferências			
Manual de Português, 10.º Ano		**Manual de Espanhol, 8.º Ano (A2.1)**	
Inferências Lógicas	Nº 34	Inferências Lógicas	Nº 3
Inferências Pragmáticas	Nº 39	Inferências Pragmáticas	Nº 6
Inferências Criativas	Nº 38	Inferências Criativas	Nº 3

Fig. 7. Tabela comparativa de inferências para os manuais de Português e Espanhol

Consequentemente dos resultados comparativos da tabela acima apresentada, sem querermos ser repetitivos, apercebemo-nos, desde logo, e ainda sem entrar no campo das inferências por si só, que existe uma enorme disparidade entre os exercícios de leitura facultados no manual de Português e no manual de Espanhol.

No que diz respeito às Inferências Lógicas, que segundo o Modelo Conceptual de Cunningham (1987) são aquelas em que o leitor se baseia no texto, existem em grande número no manual de Português, na respetiva Unidade analisada. No entanto, são aquelas que apresentam, comparando com as restantes inferências examinadas, um menor número dentro dos exercícios de leitura propostos. Ainda que não seja possível e coerente a comparação em termos quantitativos, nos dois manuais estudados, visto que as que aparecem no manual de Português são em grande escala superiores às visíveis no manual de Espanhol, deve ser feita uma confrontação no que respeita às inferências lógicas que apresentamos na tabela. Isto é, se no manual de Português, num nível elevado de entendimento da língua e dirigido a alunos cuja língua materna é, maioritariamente, o Português, são trabalhadas em menor número as Inferências Lógicas; já no manual de Espanhol, as Inferências Lógicas são aquelas que aparecem trabalhadas num nível intermédio, tal como as criativas, curiosamente.

No referente às Inferências Pragmáticas, baseadas nos conhecimentos do leitor, segundo a teoria de Cunningham (1987), pode-se verificar, de acordo com a tabela comparativa acima referida, que em ambos os manuais elas são as mais usuais nos respetivos exercícios de leitura. Relembrando que, no caso do Português, o público-alvo se trata de estudantes com um elevado conhecimento da língua e que, pelo contrário, no caso do Espanhol, se destina a alunos que aprendem uma língua estrangeira num nível inicial (apesar de a situação geográfica da Escola em estudo se situar junto da fronteira, o que ajuda bastante na compreensão da língua estrangeira por parte dos alunos, mesmo em níveis iniciais), é deveras interessante constatar como duas realidades diferentes podem mostrar resultados semelhantes. Ou seja, aquando do estudo das Inferências Pragmáticas nos dois manuais, foi possível verificar que estas são as que existem em maior número, comparativamente com as restantes inferências analisadas.

Já com as Inferências Criativas, aquelas que invocam os conhecimentos de um determinado grupo de leitores, segundo Cunningham (1987), o caso muda de figura. Se no manual de português, os exercícios de leitura que pedem a elaboração de inferências criativas são superiores aos que pedem as inferências lógicas; no manual de Espanhol, o número de inferências é igual, quer nas lógicas, quer nas criativas. O que desenvolve a ideia de que o nível inicial pedido aos alunos neste manual permite-lhes, de forma igualitária, ter a oportunidade de recorrer a inferências lógicas, mas também criativas, apelando aos seus próprios conhecimentos.

Para concluir, entende-se que as inferências pragmáticas são aquelas que, nos dois manuais, são mais usuais no que concerne aos exercícios de compreensão leitora. Demonstra-se, portanto, que os alunos nos dias de hoje, tanto na aula de língua materna, como na aula de língua estrangeira são maioritariamente forçados a inferir de acordo com os seus saberes.

Referências

Amado, I. e Sardinha, M. G. (2013). Ler, um ato com sentido… Reflexões sobre a importância da leitura em sala de aula". In Azevedo, F. e Sardinha, M. G. (Orgs.), *Didática e Práticas. A Língua e a Educação Literária* (pp. 33-64). Guimarães: Opera Omnia.

Britto, L. P. L. (2006). Leitura e política. In Evangelista, A.; Brandão, H.; Machado, M. (Orgs.), *Escolarização da leitura literária.* Belo Horizonte: Autêntica.

Buescu, H. C.; Maia, L. C.; Silva, M. G. e Rocha, M. R. (2014). *Programa e Metas Curriculares de Português Ensino Secundário.* Lisboa: Ministério da Educação e Ciência. Documento online: http://www.dge.mec.pt/sites/default/files/ficheiros/programa_metas_curriculares_portugues_secundario.pdf

Cassany, D. (2005). Los significados de la comprensión crítica. *Lectura y Vida*, 26 (3), pp. 32-45.

Cavalcanti, J. (2001). O Leitor Modelo de Eco. In *O leitor inscrito nos textos infantis*. Dissertação de Mestrado. Departamento de Linguística, FFLCH, USP.

Conselho da Europa (2001). *Quadro Europeu Comum de Referência para as Línguas: Aprendizagem, Ensino e Avaliação*. Lisboa: Edições ASA.

Cosson, R. (2014). *Círculos de leitura e letramento literário*. São Paulo: Contexto.

Costa, M. A. (1996). Se a língua materna não se pode ensinar, o que se aprende nas aulas de português? In Delgado-Martins, M.; Rocheta, M. e Pereire, D. (Orgs.), *Formar professores de português, hoje*. Lisboa: Edições Colibri.

Damásio, M. e Sardinha, M.G. (2011). De uma Escola Leitora a uma Cidade Cultura. In Sardinha, M. G. e Azevedo, F. (Orgs.). *Leitura e Bibliotecas: Trilhos da mesma narrativa* (pp. 41-115). Raleigh, N. C.: Lulu Entreprises.

Eco, U. (1992). *Leitura do Texto Literário. Lector in Fabula*. Lisboa: Editorial Presença.

Ferreira, S. e Dias, M. G. (2004). A Leitura, a Produção de sentidos e o Processo Inferencial. *Psicologia em Estudo*, 9(3), 439-448.

Ferreira, S. O. (2015). *A leitura: a importância do(s) texto(s)*. Dissertação de Mestrado. Covilhã: Universidade da Beira Interior.

Fialho, M. S. e Izco, T. M. (2009). *Programa de Espanhol – Nível de Continuação 7.º, 8.º e 9.º anos de escolaridade*. Lisboa: DGIDC-Ministério da Educação. Documento online:
http://www.dge.mec.pt/sites/default/files/ficheiros/eb_espa nhol_programa_3c_continuacao.pdf

Giasson, J. (2000). *A Compreensão na Leitura*. Porto: Edições ASA.

Kintsch, W. (1998). *Comprehension: A paradigm for cognition*. Cambridge: University Press.

Martins, M. H. (2006). O que é leitura? São Paulo: Brasiliense.

Miguel, C. A. (2015). *A Leitura: desenvolvimento das estruturas do leitor em Espanhol Língua Estrangeira.* Dissertação de Mestrado. Covilhã: Universidade da Beira Interior.

Morais, J. (1997). *A Arte de Ler.* Psicologia Cognitiva da Leitura. Lisboa: Edições Cosmos.

Moreira, L.; Meira, S. e Pérez, F. R. (2015). *PasaPalabra. Espanhol - Nível A2.2 - 9.º Ano.* Porto: Porto Editora.

Neves, J. S.; Lima, M. J. e Borges, V. (2007). *Práticas de Promoção da Leitura nos Países da OCDE.* Lisboa: Gabinete de Estatística e Planeamento da Educação (GEPE).

Oliveira, A. e Prados, R. (2014). O que é leitura? *Educação, Gestão e Sociedade: revista da Faculdade Eça Queirós*, nº 16. Documento online: http://www.faceq.edu.br/regs/downloads/numero16/8-Ensaio-O-que-e-leitura.pdf

Pinto, E. C.; Fonseca, P. e Baptista, V. S. (2016). *Novo Plural 10. Português. 10.º Ano.* Lisboa: Raiz Editora.

Programa e Organização Curricular do Espanhol para o 3º Ciclo do Ensino Básico. Lisboa: Ministério da Educação.

Sardinha, M. G. (2005). *As estruturas linguísticas, cognitivas e culturais e a compreensãoleitora.* Tese de Doutoramento. Covilhã: Universidade da Beira Interior.

Sardinha, M. G. (2007). Literacia em Leitura. Identidade e Construção da Cidadania. In *Actas. Congresso nacional de bibliotecários, arquivistas e documentalistas.* Covilhã: UBI. Documento online: http://www.bad.pt/publicacoes/index.php/congressosbad/article/view/510/pdf

Soares, M. B. (1988). As condições sociais da leitura: uma reflexão em contraponto. In Zilberman, R. e Silva, E. *Leitura: perspetivas interdisciplinares.* São Paulo: Ática.

Syder, M. (2009). *A compreensão leitora.* Dissertação de Mestrado. Porto: Faculdade de Letras da Universidade do Porto.

Capítulo 3

Desenvolver o conhecimento pragmático em crianças pequenas[5]

Teresa Gonçalves
Instituto Politécnico de Castelo Branco
Escola Superior de Educação

Introdução

A temática sobre a qual nos debruçamos é a do desenvolvimento da competência pragmática em crianças que frequentam a Educação Pré-Escolar (EP-E) e o 1º Ciclo do Ensino Básico (1º CEB), portanto, incluídas na faixa etária dos 3 aos 10/12 anos de idade. Os objetivos desta reflexão são sensibilizar educadores e professores de 1º CEB para a necessidade de propor atividades que ajudem a desenvolver mais rápida e eficazmente este tipo de conhecimento, elencar alguns atos linguísticos que contribuirão para o expandir e que são passíveis de serem trabalhados com falantes das faixas etárias de cada um destes ciclos educativos e propor tipologias de atividades motivadoras do seu desenvolvimento. Dado o público-

[5] Gonçalves, T. (2016). Desenvolver o conhecimento pragmático em crianças pequenas. In F. Azevedo, M. G. Sardinha, P. Osório (Coord.), *Elementos de Didática da Língua e da Literatura em Contexto Pedagógico* (pp. 31-57). Braga: Centro de Investigação em Estudos da Criança / Instituto de Educação. ISBN: 978-972-8952-40-2.

alvo visado, a abordagem escolhida é de cariz didático, privilegiando a reflexão sobre formas de operacionalização do trabalho de desenvolvimento desta competência; trabalho este que, desejavelmente, deveria ser iniciado o mais cedo possível, para potenciar ao máximo a competência linguística da criança.

Esta reflexão está seccionada em quatro partes, a *introdução*, onde se delimita o conceito de conhecimento pragmático e onde se justifica a necessidade de criar um ambiente rico de linguagem no qual a criança possa encontrar as condições desejáveis para progredir mais rapidamente neste tipo de conhecimento; a *parte 1*, onde se procede à revisão de conceitos teóricos nucleares; a *parte 2*, onde se apontam alguns princípios orientadores do trabalho de desenvolvimento linguístico, nomeadamente, do conhecimento pragmático de crianças pequenas; se enumeram atos linguísticos que envolvem conhecimento pragmático e que podem ser trabalhados nos dois ciclos de ensino que visamos e se sugerem tipologias de atividades e, finalmente, a *conclusão*, onde se faz uma brevíssima síntese das ideias-chave a reter.

Não é este o espaço nem o momento para problematizar o artificialismo de isolar a consciência pragmática da competência linguística, considerada na sua globalidade; apenas o fazemos por necessidade metodológica, dado o tema particular de que nos ocupamos, encarando a primeira como um domínio específico da última. Clarifiquemos o conceito de competência pragmática. No *Dicionário Terminológico*[6] (DT) está especificado o objeto de estudo da Pragmática enquanto disciplina:

> (…) podendo definir-se a pragmática como a análise das relações existentes entre as formas linguísticas, por um lado, e os participantes no processo comunicativo e o contexto de comunicação, por

---

[6] Disponível para consulta em linha em: http://dt.dge.mec.pt/

outra parte, ou seja, aqueles factores que condicionam e determinam o uso da linguagem e que não são analisáveis em termos puramente gramaticais. A pragmática analisa portanto o funcionamento significativo e comunicativo da linguagem no seu uso real em discursos e textos e a intencionalidade comunicativa de quem nestes fala ou escreve.

Aragonés (2004) refere a Pragmática como sendo uma disciplina que, em conjunto com a Semiótica, a Linguística do Texto e a Análise do Discurso, forma o paradigma teórico das Ciências da Linguagem, que está na base da Didática da Língua. Segundo esta autora, o maior contributo desta disciplina foi o de nos ajudar a compreender que o conceito de linguagem não pode ser desligado do seu uso e que cada comunidade social estipula as regras dos usos específicos da língua em situação, pelo que o estudo da mesma não pode ignorar os múltiplos contextos (linguísticos/comunicativos e sociais) em que ela é usada.

Menyuk (1988:111-112), refletindo sobre o desenvolvimento da linguagem, define assim "*conhecimento pragmático*":

> Pragmatic knowledge has been described by Hymes (1964) as that aspect of language knowledge that is made up of the abilities and judgments that characterize peoples' performance as members of the linguistic community into which they have been born; that is, it is community-specific. (…) *what* speakers and listeners actually *do* in particular contexts and *why* they do it.

Na página *web* da American Speech-Language-Hearing Association[7] refere-se que o uso social da língua inclui as seguintes habilidades, e passamos a citar[8]:

Pragmatics involve three major communication skills:		
Using language for different purposes, such as:	**Changing language** according to the needs of a listener or situation, such as:	**Following rules** for conversations and storytelling, such as:
*greeting (e.g., hello, goodbye) *informing (e.g., I'm going to get a cookie) *demanding (e.g., Give me a cookie) *promising (e.g., I'm going to get you a cookie) *requesting (e.g., I would like a cookie, please)	*talking differently to a baby than to an adult *giving background information to an unfamiliar listener *speaking differently in a classroom than on a playground	*taking turns in conversation *introducing topics of conversation *staying on topic *rephrasing when misunderstood *how to use verbal and nonverbal signals *how close to stand to someone when speaking *how to use facial expressions and eye contact

Fig. 1. Conjunto das habilidades pragmáticas, segundo a American Speech-Language-Hearing Association

Em suma, a Pragmática analisa os usos específicos da língua em contexto, no seio de uma determinada comunidade linguística, correspondendo o *conhecimento pragmático* ao

---

[7] Página web: http://www.asha.org/default.aspx

[8] http://www.asha.org/public/speech/development/Pragmatics/

domínio eficaz desses mesmos usos em situações comunicativas particulares.

Este conhecimento começa por ser intuitivo, influenciado pelos usos específicos da língua em contexto dos falantes próximos da criança; gradualmente, num estádio intermédio, em virtude do aumento/alargamento substancial dos contextos comunicativos em que se vê envolvida e dos modelos linguísticos dos adultos com os quais a criança se vai confrontando, este conhecimento vai-se tornando cada vez mais consciente para, num estádio mais avançado, se transformar em *conhecimento explícito* (reflexivo e sistemático). Este último capacitaria o falante para selecionar "as unidades e estruturas mais adequadas à expressão de determinados significados e à concretização de determinados objetivos em situações concretas de uso oral e escrito da língua (por exemplo, informar, persuadir, exprimir um desejo ou um ponto de vista)." (Duarte, 2008:18).

Ora, facilmente concordaremos que a passagem de um estádio intuitivo do conhecimento pragmático a um estádio de conhecimento explícito sobre o mesmo requer muita prática de interação linguística, maturidade na capacidade de raciocínio e conhecimento linguístico e social alargado, exigindo capacidades de análise do enunciado linguístico, de identificação das unidades constitutivas do mesmo, de manipulação dessas unidades, de síntese do que se observou e de avaliação/monitorização da eficácia/adequação do ato linguístico à situação e aos interlocutores. Naturalmente, o percurso que a criança faz, desde um ponto inicial de partida até ao ponto da mestria linguística que inclui o conhecimento pragmático explícito, que queremos que atinja o mais rapidamente possível, pode ser realizado mais ou menos solitariamente e a ritmos mais ou menos irregulares. Também não deixa de ser verdade que se nesse percurso a criança for orientada, amparada e apoiada pelos adultos/educadores o processo será mais rápido, por isso é tão importante proporcionar à criança um ambiente rico de linguagem e de reflexão informal sobre a mesma.

Um ambiente rico de linguagem proporciona-lhe múltiplas oportunidades de interagir linguisticamente, em situações comunicativas reais muito díspares, para que possa observar as escolhas linguísticas dos outros falantes, experimentá-las ela própria e testar a sua eficácia. Um ambiente rico de reflexão sobre a língua sensibiliza-a para determinadas escolhas linguísticas que não funcionam bem num determinado contexto, para as que são simplesmente apenas eficazes ou para as que funcionam muito bem nesse contexto específico; ajuda-a a avaliar a eficácia comunicativa dos outros, a equacionar formas alternativas de a melhorar e a ter consciência da necessidade de monitorizar as suas próprias escolhas linguísticas em situação, para se certificar de que os outros a perceberam. Estas são as razões pelas quais consideramos importante todo o trabalho desenvolvido pelos educadores/professores com o intuito de potenciar o desenvolvimento linguístico da criança.

Parte 1: Revisão de alguns conceitos teóricos relacionados com o conhecimento pragmático

Nesta secção revemos alguns conceitos teóricos fundamentais porque é necessário assegurar que atribuímos o mesmo sentido a cada um deles.

Do que ficou dito atrás podemos, pois, assentar que terá conhecimento pragmático todo o falante que souber adequar de forma eficaz os seus enunciados às situações linguísticas específicas em que estiver envolvido, equacionando fatores internos à língua (escolha do registo; definição do tempo da interação linguística; definição dos objetivos da interação – atos de fala – e escolha das fórmulas linguísticas adequadas para atingir os objetivos; gestão das ambiguidades e a rentabilização do processo inferencial, o qual permite regular o discurso e reorientá-lo, se necessário) e fatores externos à mesma, como, as características dos interlocutores (idade, profissão, natureza das relações pessoais que com eles mantem ou não mantem e relações de hierarquia socioprofissional); o tempo (o momento de intervir); o local e a situação comunicativa (formal ou informal) e, ainda, o uso dos códigos não-verbais, de forma adequada à situação (Aragonés, 2004).

Segundo o DT, a pragmática não é uma dimensão da consciência linguística, como a fonológica, a morfológica, a sintática ou a semântica, sendo apenas uma perspetiva de análise da intencionalidade dos fenómenos linguísticos em determinados contextos discursivos e textuais. Na mesma linha de raciocínio se situam investigadoras e especialistas na área, recentemente envolvidas de forma muito direta no Programa Nacional do Ensino do Português[9] (diretamente vinculado à Direção-Geral da Educação[10]) e autoras de brochuras publicadas no âmbito do mesmo programa, como Duarte (2008) e Gonçalves et al. (2011), que quando refletem sobre as várias dimensões da consciência linguística não falam de desenvolvimento da consciência pragmática, mas sim de desenvolvimento da *consciência discursiva*, e Sim-Sim et al. (2008), sendo que estas últimas autoras, refletindo sobre o desenvolvimento da linguagem e da comunicação no Jardim-de-Infância, apenas mencionam a consciência fonológica, a da palavra e a sintática. Menyuk (1988) perspetiva esta questão de forma diferente e, embora se refira ao conceito de conhecimento pragmático, repetidamente se refere também à competência pragmática. Não é aqui o *forum* adequado para problematizar esta questão nem talvez seja pertinente ou produtivo fazê-lo, até porque algumas das competências

---

[9] Página web: http://www.dge.mec.pt/programa-nacional-do-ensino-do-portugues-pnep

[10] Página web: http://www.dge.mec.pt/

linguísticas que Duarte (2008) e Gonçalves et al. (2011) inserem na consciência discursiva podem integrar-se no conhecimento pragmático que refere Menyuk (1988), tais como, o uso adequado de: formas de tratamento; tipos de atos ilocutórios e formas da sua realização linguística; formas corteses de atenuar a força ilocutória; a tomada da palavra ou turno de fala (para evitar sobreposições ou interrupções); responder de forma apropriada; cooperar na continuação dos tópicos da conversa; reparar mal-entendidos e interrupções; o princípio da cooperação – as máximas conversacionais (da qualidade, da quantidade, da relação e do modo); a retoma em cadeias referenciais e até o uso dos tempos verbais. Além do uso destas fórmulas ou expressões linguísticas ou do domínio de fórmulas linguísticas adequadas a atos de fala específicos, poderíamos ainda acrescentar: olhar o interlocutor durante a interação linguística e a capacidade de inferência de informação básica que não é dita mas é comunicada.

Comecemos por clarificar o conceito de *atos ilocutórios*.

Atos ilocutórios são atos de fala, que no DT são definidos como a produção de um enunciado que visa realizar uma ação. Todos os atos de fala são a*tos locutórios*, isto é, são enunciados, produzidos de acordo com as regras de uma determinada língua, que transmitem conteúdo. Estes atos locutórios têm determinados objetivos comunicativos, variáveis de situação para situação, logo, são também *atos ilocutórios*, cujo objetivo pode ser: afirmar, constatar, descrever, narrar, explicar, etc. (atos assertivos); levar o interlocutor a agir de uma determinada forma (atos diretivos); implicar o interlocutor num determinado compromisso, como, prometer, jurar, etc. (atos compromissivos); exprimir estados de espírito (atos expressivos) ou com o ato de fala modificar o estado das coisas, como, batizar, nomear, demitir, dar ou tomar posse, etc. (atos declarativos). O ato de fala pode ainda ser *ato perlocutório*, o qual corresponde à produção do efeito pretendido junto do interlocutor com o ato ilocutório (o interlocutor ficou convencido, comprometido, despedido, empossado, etc.). Por vezes, podem surgir ambiguidades e o ato ilocutório pode não produzir o efeito perlocutório pretendido porque, por exemplo, não foi compreendido pelo recetor.

Na perspetiva de Fromkin e Rodman (1993), todo o enunciado é ato ilocutório, mesmo que nele não haja nenhum verbo performativo (declarar, pedir, exigir, perguntar, ordenar, renunciar, etc.), pois perante uma afirmação simples, como, *Está frio!*, acreditamos na veracidade do conteúdo proposicional da mesma e percebemos de imediato que se trata de uma asserção. Parafraseando os mesmos autores, o estudo das coisas que podemos fazer com frases é o estudo dos atos ilocutórios, cuja tipologia estará sempre muitíssimo dependente do contexto em que ocorrem, pois será o contexto que determinará o seu sentido. Vejamos o exemplo do seguinte enunciado oral *Ela ofereceu um cão ao filho no Natal*: este mesmo enunciado poderá ser uma declaração, uma pergunta ou a expressão de um sentimento de apreensão; logo, o tipo de ato ilocutório só é definido pelas circunstâncias contextuais em que ocorre e é aqui que entra a pragmática, pois é ela que se debruça sobre a influência do contexto na interpretação dos enunciados.

Especifiquemos o que entendemos por *formas corteses de atenuar a força ilocutória* de um enunciado.

Entre os atos de fala ilocutórios inserem-se os diretivos, que são aqueles que o emissor formula com a intenção de que o recetor realize algo, isto é, que faça alguma coisa (na sequência de uma ordem, de um pedido, de uma sugestão, de um convite, de uma proibição, ou até mesmo, em última instância, de uma ameaça ou de uma chantagem) ou que, por exemplo, pura e simplesmente, responda a uma pergunta. Acontece que alguns destes atos ilocutórios diretivos são mais prescritivos que outros e têm maior força ilocutória, como é o caso das ordens em detrimento das sugestões ou dos pedidos, por isso, os falantes recorrem frequentemente a *formas corteses de atenuar a força ilocutória* de uma ordem, usando formas linguísticas eufemísticas que suavizam o potencial ascendente do emissor sobre o recetor, tais como, fórmulas de delicadeza ou atos ilocutórios indiretos (*Gostaria tanto que alguém me trouxesse aqui um chá quentinho e uma bolachinha!* para dar a entender a alguém que poderia ser esse alguém a realizar essa ação de satisfazer o pedido, mas sem lho pedir ou ordenar diretamente). Quando mencionamos fórmulas de delicadeza (*politeness*) não nos referimos a regras sociais de comportamento, mas sim à escolha que o emissor faz das expressões linguísticas que considera adequadas para demonstrar ao recetor uma atitude amistosa (Cutting, 2002:44-45).

Atentemos no processo da *retoma em cadeias referenciais*.

Quando num enunciado discursivo oral ou escrito necessitamos referir-nos várias vezes ao mesmo referente temos duas possibilidades: ou repetimos sempre a mesma palavra para o designar ou vamos usando palavras que vão substituindo a primeira (a Joana, **a menina**, **ela**, **Joana**, **a criança**, chamou-**a**, etc.) e que remetem sempre para o mesmo referente. No último caso, em que procederíamos a uma retoma em cadeia referencial, estaríamos perante um texto não repetitivo, com uma maior coesão textual, porque teriam sido usados mecanismos de coesão (*vide* Azeredo; Pinto e Lopes, 2014:356-363) referencial anafóricos. A anáfora (*vide* DT) é uma expressão linguística que pode substituir outra (o antecedente – a Joana) sem alterar substancialmente o seu sentido (é o caso da correferência – a menina, a criança) ou uma expressão que mantém uma relação de proximidade semântica com uma palavra anteriormente referida, podendo ser nominal, pronominal, verbal e adverbial (Joana, ela, -**a**). Como vemos, a retoma em cadeias referenciais é um processo de substituição lexical que torna menos repetitivo (e, consequentemente, menos cansativo) e esteticamente mais cuidado um enunciado, mas que, no momento da produção exige uma particular atenção ao emissor e, no momento da receção, memória discursiva ao recetor, porque tem que recordar o antecedente e perceber o encadeamento de substitutos.

Vejamos, por fim, a *capacidade de inferência de informação básica que não é dita mas é comunicada*.

Numa interação linguística há informações que são veiculadas explicitamente e informações que não são ditas, mas que o emissor espera que o recetor infira, porque ficam implícitas no que se disse. O processo de *inferência* está sempre subjacente a qualquer troca verbal, por exemplo, se na casa de uma outra pessoa, alguém diz *Está frio!*, pode ser com o intuito de, indiretamente, chamar a atenção do dono da casa para o facto de a temperatura ambiente ser baixa e, eventualmente, levá-lo a ligar um aquecimento. Ora, as duas inferências referidas podem ser legitimamente deduzidas do enunciado pelo anfitrião ou o mesmo pode não conseguir fazê-lo, por considerar, por exemplo, que está uma agradabilíssima temperatura ambiente. Vemos, portanto, que o processo inferencial pode nem sempre funcionar eficazmente, o que conduzirá a uma interpretação apenas parcial ou até errada de um enunciado.

De entre os processos inferenciais, habitualmente, diferenciam-se a pressuposição, a implicação e a implicatura conversacional (*vide* DT e Azeredo, Pinto e Lopes, 2014). As pressuposições são suposições acerca do mundo real que os enunciados deixam pressupor, dependendo o seu sentido desses mesmos pressupostos (Fromkin e Rodman, 1993:206), por exemplo, perante o enunciado *Queres mais chá?*, podemos legitimamente pressupor que a pessoa questionada já bebeu chá antes, que a pessoa que faz a pergunta também o sabe e que há mais chá.

As implicações são também deduções lógicas que podem ser feitas a partir das proposições (afirmações) contidas nas premissas de um enunciado. Tomemos como exemplo a situação em que A conversa com B sobre C e diz o seguinte enunciado *Atualmente, os jovens são muito versáteis e têm uma grande capacidade de adaptação, por isso todo o trabalho será um desafio.* Estas três afirmações permitem fazer várias deduções lógicas, nomeadamente, que C é jovem, C é versátil e que o trabalho específico que já faz ou que vai fazer será também para C um desafio. Eventualmente, também se poderia deduzir que A e B já não são jovens, não são tão versáteis e que para eles esse trabalho não seria um desafio. Como vemos, várias são as inferências (implicações) que podem ser feitas a partir de um simples enunciado. O ser humano rege-se biologicamente por um princípio de economia, por isso, até no uso da língua joga com a informação que não é dita, mas que pode ser logicamente inferida, a partir das implicações implícitas num enunciado.

Quanto à implicatura conversacional (*vide* DT e Azeredo, Pinto e Lopes (2014), trata-se de um tipo de processo inferencial diferente do processo de implicação referido no parágrafo anterior, sendo este último mais ou menos universal, menos colado ao contexto, porque pode ser deduzido unicamente a partir do enunciado verbal. Na implicatura conversacional, o cerne da inferência está na informação implícita que pode ser deduzida das trocas linguísticas entre os interlocutores e não, especificamente, das proposições contidas num enunciado. Atentemos na seguinte conversa:

Criança – Mãe, podemos ir ao parque, agora?
Mãe – Tenho tanta coisa para fazer!

A mãe não diz explicitamente que não tem disponibilidade nem vontade de ir ao parque, mas a criança pode deduzir das suas palavras uma resposta negativa (ou fazer essa implicatura conversacional), dedução que pode revelar-se falsa ou até desaparecer ao longo da conversa. Como distinguimos implicação de implicatura conversacional, talvez valha a pena acrescentar que a única implicação a deduzir do enunciado da mãe é que ela é uma pessoa muito ocupada, com muitas tarefas para levar a cabo.

Parte 2: Trabalho prático direcionado para o desenvolvimento do conhecimento pragmatic

Nesta secção isolamos alguns *princípios orientadores do trabalho de desenvolvimento linguístico* (sobretudo na modalidade oral) das crianças da faixa etária de que nos ocupamos, sendo que os mesmos princípios se poderão também aplicar ao desenvolvimento do conhecimento pragmático. Se cruzarmos fontes tão díspares entre si quanto complementares, como, o enquadramento europeu para o ensino das línguas (*Quadro Europeu Comum de Referência para as Línguas - Aprendizagem, Ensino, Avaliação – QECR*), reflexões sobre didática da língua (Aragonés, 2004), estudos teóricos sobre o desenvolvimento linguístico (a título de exemplo, *Language Development – Knowledge and Use*, de Menyuk, 1988), os programas de língua, orientadores do Ensino Pré-Escolar e do 1º CEB (*Orientações Curriculares para a Educação Pré-Escolar, Programa e Metas Curriculares de Português do Ensino Básico*) e as brochuras perspetivadas para educadores/professores, produzidas no âmbito do Plano Nacional do Ensino do Português (PNEP) – implementado entre 2006-2010 – , divulgadas na página *Web* da Direção Geral da Educação[11], facilmente chegaremos a um conjunto de princípios orientadores do trabalho de desenvolvimento linguístico de crianças pequenas e, especificamente, da sua competência pragmática.

Fazendo uma breve súmula desses princípios, destacaríamos, na vertente do trabalho de desenvolvimento da capacidade de *compreensão oral*, o da *autenticidade*, o da *diversidade*, o da *frequência*, o da *brevidade*, o da *funcionalidade* e o da *ludicidade* das atividades de receção linguística. Estes

---

[11] Materiais disponíveis em: http://www.dge.mec.pt/materiais-didaticos-elaborados-no-ambito-do-pnep

princípios apontam para a necessidade de organizar o trabalho a partir de situações comunicativas *autênticas*, reais, vividas pelas crianças na interação linguística diária com interlocutores de diferentes idades, oriundos de níveis socioculturais variados, próximos e não-familiares, em múltiplos contextos comunicacionais informais e formais (*diversidade*). Estas atividades de receção devem ser sistemáticas, isto é, *frequentes*, para com a prática continuada ajudar a criança a automatizar expressões linguísticas, e não demasiado longas (*brevidade*), para não cansar e desmotivar, o que se tornaria improdutivo. Os princípios da *funcionalidade* e da *ludicidade* são aliados importantes do processo motivador das crianças, porque ajudam a ter a perceção da utilidade da atividade e a encarar a tarefa de uma forma positiva e entusiasta.

Não se devem ainda perder de vista alguns princípios potenciadores da eficácia das atividades de receção a propor, que também podem ser equacionados nas tarefas de expressão e que, na verdade, são extensíveis a todas as tarefas em todos os processos de ensino/aprendizagem, mas que nem por isso deixam de fazer todo o sentido no contexto do desenvolvimento linguístico global. Referimo-nos à importância de começar por motivar intrínseca e extrinsecamente as crianças; de introduzir o tema antes de propor uma tarefa; de especificar bem os passos a dar; de estimular a reflexão sobre os enunciados linguísticos ouvidos; de ajudar na apresentação da reflexão feita e de permitir novas escutas do texto oral, para comprovar a correção de um dado ou de uma suposição. Finalmente, acrescentaremos o princípio de que se podem trabalhar aspetos linguísticos diferentes, em distintos momentos, no mesmo texto oral e que os enunciados orais que vão ser objeto de análise podem ser produzidos pelas crianças, pelo educador/professor ou ser gravações provindas dos meios de comunicação social em áudio ou em vídeo.

Na vertente do trabalho de desenvolvimento da capacidade de *expressão oral*, destacaríamos a necessidade de *criar situações de comunicação oral significativas*, que motivem as crianças a expressarem-se, porque não se terá vontade de falar se não se sentir necessidade de o fazer. O documento programático de referência para o trabalho a desenvolver na EP-E, que inclui a área de conteúdo da *Expressão e da Comunicação,* relativa ao progressivo domínio das diferentes formas de linguagem e que engloba a *linguagem oral e a abordagem à escrita,* aponta para alguns aspetos a equacionar, dos quais destacaremos dois, a necessidade de o educador se configurar como um modelo de interação linguística para a criança e o facto de o interesse da criança em comunicar estar dependente da necessidade de se sentir ouvida e de ter coisas interessantes para dizer (que sempre terá se for envolvida em vivências/situações de aprendizagem motivadoras e enriquecedoras sobre as quais possa falar). É, assim, de fulcral importância introduzir temas variados e motivadores para as crianças, potencialmente atrativos para a faixa etária em causa, como, por exemplo, a família, as férias, o fim de semana, a escola, os amigos, festas e festividades, desporto, lazer, jogos e outros, para que possa falar sobre eles.

Consideramos também importante *promover a produção de textos orais variados* quanto à sua tipologia, tais como o diálogo, a narração, a descrição e o debate de ideias, trabalhando sempre e em simultâneo as regras que regem estes tipos de textos, as suas formas de organização e as fórmulas linguísticas específicas usadas frequentemente nestes tipos de enunciados, por exemplo, a descrição de um objeto implica começar por incluí-lo na categoria a que pertence, explicar as suas funcionalidades e falar sobre as suas características físicas distintivas (material, cor, tamanho – comprimento, altura e profundidade). Aliado a este princípio orientador surge um outro que se prende com a necessidade de *alternar atividades* de expressão *de grupo* com atividades de expressão *individuais,* porque se frequentemente as atividades de expressão linguística da criança são grupais (é o caso da conversa), haverá muitas situações de expressão oral em que o falante não dialoga (é o caso da narrativa de um acontecimento, de que só ela tem conhecimento). Finalmente, apenas uma nota para lembrar que algumas *atividades de expressão oral* podem ser *gravadas* em áudio/vídeo e podem ser objeto de análise mais tarde.

Revistos os princípios orientadores matriciais do trabalho de desenvolvimento linguístico das crianças, passemos aos atos linguísticos atinentes ao conhecimento pragmático que são considerados mais precoces e comuns na faixa etária a que nos referimos, seguindo muito de perto Menyuk (1988). A autora citada (Menyuk, 1988) considera três diferentes grupos de crianças, correspondendo a faixas etárias específicas (do nascimento até aos 3 anos de idade, dos 3 aos 7 e dos 7 aos 14 anos),e refere que as modificações que se operam na competência pragmática ao longo do tempo se refletem, em todas as culturas, nos atos de fala que a criança produz, no seu estilo de interação comunicativa e na forma como a mesma organiza o discurso, operando-se progressão quantitativa e qualitativa à medida que vai crescendo.

Parafraseamos as conclusões apresentadas relativamente ao desenvolvimento do conhecimento pragmático na faixa etária dos 3-10/12 anos de idade.

Segundo a mesma autora, as crianças de 3/4 anos já compreendem e já sabem formular perguntas, afirmações, pedidos, ordens e frases negativas e também já demonstram saber adequar os atos de fala às circunstâncias comunicativas em que se veem envolvidas, ajustando a linguagem, tal como fazem os adultos, à idade e ao estatuto dos interlocutores: falam em termos mais simples com falantes mais novos e dizem a maior quantidade possível de informação a falantes que não estão contextualizados sobre o que elas estão a explicar. Ou seja, as crianças já adequam o seu *estilo de interação comunicativa*, por exemplo, os *atos de fala* ilocutórios assertivos, à situação comunicativa específica em causa. Entre os 5/6 anos de idade, além de compreenderem e formularem atos ilocutórios diretivos diretos (tais como, por exemplo, ordens, ameaças, chantagens, etc.), as crianças já parecem preferir pedir em detrimento de ordenar, o que é um indicador de que já são sensíveis a *formas corteses de atenuar a força ilocutória.*

Com o desenvolvimento do conhecimento linguístico, da competência de cognição (que lhes permite raciocinar e aumentar substancialmente o conhecimento do mundo) e da competência social (que as ajuda a interagir de forma mais eficaz em diferentes meios e contextos), as crianças vão melhorando a sua *capacidade de conversar.* Há várias pistas linguísticas que podem ser usadas para ajudar a compreender as relações que se estabelecem entre objetos, sujeitos e acontecimentos durante uma conversa, nomeadamente, o processo de retoma em cadeias referenciais, a distinção entre informação nova e informação já fornecida antes, a inferência de informação, a interpretação em sentido literal ou em sentido figurado e a determinação da qualidade, quantidade e tipo de informação fornecida, pistas estas que as crianças começam a usar desde muito cedo.

Entre os 5/7 anos de idade, já demonstram perceber que determinadas palavras usadas ao longo da conversa remetem para o mesmo referente (***Capuchinho Vermelho** foi colher flores no bosque. A mãe tinha-**a** avisado de que o bosque poderia ser perigoso, mas **ela** depressa se esqueceu.*); já indicam claramente se se trata de informação nova ou velha (*Apareceu **um** lobo. **O** lobo era muito simpático.*); quando ouvem contar uma história já começam a inferir consequências possíveis daquilo que aconteceu e é dito (*O bebé está a dormir uma sesta na sua alcofinha. A mãe tenta não fazer barulho, mas, de repente, caem um prato e um copo no chão da cozinha e partem-se. **O que acontecerá a seguir?***); já conseguem avaliar se a mensagem deve ser interpretada em sentido literal ou em sentido figurado (*Vou* *comer-te com beijinhos!*) e já são capazes de avaliar o grau de adequação das mensagens (em termos de qualidade, quantidade e relevância da informação fornecida).

Entre as competências relativas à competência pragmática, Menyuk (1988) inclui a capacidade discursiva de *relatar eventos ou contar histórias*. A gramática da estrutura de uma história infantil é constituída por uma sequência de elementos que seguem, frequentemente, uma determinada ordem estereotipada do princípio até ao fim. Muitas destas histórias iniciam-se e terminam com fórmulas linguísticas fixas – *Era uma vez... e viveram felizes para sempre*; começam por apresentar e contextualizar o herói, que vive num espaço de conforto; mas, de repente, ocorre um acontecimento que transtorna por completo o equilíbrio da personagem e a leva a sair para o desconhecido e para o perigo; sucedem-se vários problemas e desafios, que o herói sempre resolve e ultrapassa heroicamente e de forma satisfatória, por vezes, com ajuda de poderes sobrenaturais, e, finalmente, restabelecida a ordem, regressa ao espaço inicial, onde será feliz para sempre. O que as investigações sobre a capacidade das crianças desta faixa etária compreenderem e contarem histórias demonstraram foi que o conhecimento sobre a estrutura das histórias é já evidente em crianças em idade pré-escolar.

No que concerne o estilo da *interação comunicativa e a capacidade de conversar*, as crianças entre os 6/10 anos de idade, cada vez que tomam a palavra, vão diminuindo progressivamente as intervenções não relacionadas com o tópico da conversa, as tangenciais e as minimamente relacionadas e vão aumentando em crescendo as intervenções factualmente relacionadas com o tópico e as que servem para exprimir a sua perspetiva pessoal sobre a questão, por isso conseguem adequar melhor o estilo de interação comunicativa às circunstâncias e ao contexto e mostram-se mais capazes de manter eficazmente uma conversa.

Finalmente, nesta mesma faixa etária parece ainda haver também grande evolução na capacidade de compreender determinados *atos ilocutórios*, por exemplo, as adivinhas, relacionadas com a capacidade de a criança perceber que terá que interpretar em sentido figurado o que é dito para conseguir resolver corretamente o desafio de adivinhar o que o enunciado deixa pressupor, isto é, inferir as implicações (*Qual é coisa qual é ela que mal chega a casa se põe logo à janela?*).

Analisemos, agora, os atos linguísticos que os programas da língua materna da EP-E e do 1º CEB propõem que se trabalhem e aos que não são explicitamente neles referidos mas que nos parecem pertinentes e relevantes.

No documento *Orientações Curriculares para a Educação Pré-Escolar*, que apresenta uma área abrangente de conteúdo relativa à Expressão e Comunicação (que inclui vários domínios: expressão motora, dramática, plástica e musical; da linguagem oral e abordagem à escrita e o domínio da matemática), o desenvolvimento do conhecimento pragmático não está explicitamente referido, mas está integrado, em grande medida, no trabalho a realizar no âmbito da expressão dramática e da linguagem oral.

No domínio da expressão dramática, é proposto que se trabalhe o jogo simbólico e a dramatização. Ambos permitem recriar/dramatizar experiências da vida quotidiana, histórias conhecidas ou inventadas, representar o outro e colocar-se no seu ponto de vista, fazer de conta que vive determinadas situações, bem como, comunicar através do movimento, da gestualidade e da expressividade do rosto. No domínio da linguagem oral, preconiza-se o desenvolvimento da comunicação não-verbal e o envolvimento das crianças em interações com adultos da instituição e da comunidade, dentro e fora do jardim de infância, com vista ao conhecimento das diferentes funções da linguagem e dos usos sociais da língua.

Ou seja, das indicações programáticas para a EP-E podemos deduzir que as crianças devem ser envolvidas em situações comunicativas que lhes permitam *narrar* factos ou histórias (para trabalharem a *estrutura e organização do discurso narrativo*), *dialogar* com outros falantes de diferentes idades e contextos socioculturais (para exercitarem o *uso social da língua*, em especial, o respeito pelos *turnos de fala*, a manutenção do *contacto visual*, o uso de *formas linguísticas específicas a determinados contextos e a* gestão do *momento* e do *tempo da interação*, bem como da *distância física* a que se devem manter do interlocutor), *falando como se fossem as personagens que representam* e potenciar o uso dos *códigos não-verbais* (para entenderem que podem ser usados como auxiliares e como complementares do código linguístico). A tónica é, pois, colocada na importância de proporcionar situações diversificadas de interação linguística (presencial ou à distância – fazer de conta que está a falar ao telefone), o mais autênticas possível, que permitam treinar o conhecimento sociolinguístico e a competência pragmática (referidas no *QECR,* pp. 148-150 e pp. 174-184), isto é, ser capaz de produzir atos ilocutórios de variados tipos, como, ser capaz de *se apresentar, apresentar factos, narrar, debater, negociar, planear, transmitir mensagens ou recados, perguntar, indagar, clarificar, pedir especificações, felicitar, cumprimentar, despedir-se, agradecer, desculpar-se,* entre outros.

No *Programa e Metas Curriculares de Português do Ensino Básico*, o desenvolvimento do conhecimento pragmático também não está explicitamente referido, mas vem, sobretudo, disseminado nos domínios de conteúdo da *oralidade*, da *iniciação à educação literária* (1º e 2º anos), da *educação literária* (3º e 4º anos) e da *gramática*.

Para o 1º ano do 1º CEB, relacionados com o conhecimento pragmático vêm referidos os seguintes conteúdos: princípio de cortesia; resposta, pergunta, pedido; compreensão de uma instrução; produção expressiva de histórias inventadas e recriação de textos. No 2º ano são repetidos os mesmos conteúdos e são acrescentados os seguintes: formas de tratamento; expressão de ideias e de sentimentos; reconto, conto, simulação e dramatização; antecipação de conteúdos; intenções e emoções das personagens e inferências de sentimentos e atitudes.

No 3º ano são acrescentados os seguintes conteúdos: pedido de esclarecimento, informação e explicação; produção de géneros escolares orais: apresentação oral e pequeno discurso persuasivo; descrição; simulação; inferências de tempo, de instrumento e de objeto; linguagem figurada e tipos de frase (declarativa, interrogativa e exclamativa); frase afirmativa e negativa; expressão de pontos de vista. No 4º ano são acrescentados os conteúdos subsequentes: princípio de cooperação; distinção de facto e opinião; registo de língua formal e informal; debate oral, aviso, recado e convite; retoma do assunto; justificação de opiniões, atitudes e opções; informação pertinente e resumo de ideias; inferências de agente-ação, causa-efeito, problema-solução, de lugar e de tempo.

Em suma, no âmbito do conhecimento pragmático, o programa e as metas curriculares de Português do 1º CEB preconizam que se dê continuidade ao trabalho iniciado na EP-E e que se intensifique com as crianças o uso do *princípio de cortesia* (que implica o respeito pelas regras sociais e culturais de interação oral, de modo a evitar situações embaraçosas, indelicadas e conflituosas e que inclui as formas de tratamento, o respeito pelo turno de vez, a manutenção do contacto visual e o conhecimento de fórmulas de saudação e de despedida); do *princípio da cooperação* (que integra a capacidade de responder de forma apropriada, de cooperar na continuação dos tópicos da conversa, de reparar mal-entendidos e interrupções e o respeito pelas máximas conversacionais - da qualidade, da quantidade, da relação e do modo); de *atos ilocutórios de múltiplas tipologias* (como, fazer e compreender perguntas - O quê? Quem? Como?

51

Quando? Onde? Porquê? Para quê? -, respostas, pedidos, instruções, avisos, recados e convites e expressão de sentimentos/emoções/pontos de vista); de *diversos géneros textuais* (como, textos narrativos, apresentações orais, textos persuasivos, descrições, debate, aviso, recado e convite, incluindo também a capacidade de retomar um assunto, a capacidade de resumir e a de justificar opiniões, atitudes e opções); que se desenvolva a capacidade de *antecipação de conteúdos* (tais como, intenções e emoções das personagens, por exemplo, a partir dos códigos não-verbais usados); a *capacidade de inferência* (de sentimentos e atitudes, de tempo, de instrumento, de objeto, de agente-ação, de causa-efeito, de problema-solução, de lugar e de tempo); a *capacidade de interpretação em sentido literal e em sentido figurado* (que pode ser trabalhada a partir da análise e uso de expressões idiomáticas e provérbios); *a distinção entre facto e opinião* e a distinção entre *registo de língua formal e informal.*

Depois do levantamento dos atos linguísticos do âmbito pragmático a trabalhar com crianças pequenas, e seguindo muito de perto as propostas de Duarte (2008) e Gonçalves et al. (2011), referimos algumas tipologias de atividades comunicativas que podem ser implementadas na EP-E e no 1º CEB, depois de ajustadas à faixa etária respetiva, em termos de nível de complexidade e de duração.

Tipologia de atividades
Fazer de conta, jogo dramático (representar uma situação ou um tipo social) e dramatização de histórias (que coloquem personagens a dialogar), eventualmente, recorrendo a *story book theatre / picture books*, fantoches, teatro de sombras e kamishibai[12];
Narrar acontecimentos da vida familiar da criança, das vivências escolares e histórias, conhecidas, ouvidas, lidas, visionadas ou inventadas;
Recontar situações, momentos, sequências, episódios, histórias…

---

[12] Cf. http://aquanarrabilis.eu/pt/

Jogos de perdidos e achados (partir da descrição pormenorizada de um objeto ou de uma pessoa e adivinhar/encontrar o referente);
Exposição a diferentes tipos de contexto comunicativo, quer oral (gravados ou em situação face a face), quer escrito, em função de: – interlocutores envolvidos (criança-professor, criança-criança, criança-turma, etc.); – grau de formalidade; – objetivos comunicativos (perguntar, responder, persuadir, pedir, sugerir, ordenar, etc.); e refletir em grupo-turma sobre as características desses contextos comunicativos; Atividades de sensibilização de variação dos enunciados dependendo do contexto situacional;
Identificação de atos ilocutórios expressos por tipos diferentes de frases ou jogos de modificação de frases (por exemplo, pedir à criança que modifique o enunciado *Abre a porta* para dar uma ordem, pedir um favor, fazer uma sugestão, fazer uma pergunta, etc.)
Conversar acerca de uma atividade a realizar pelo grupo-turma e trabalhar os turnos de vez, o manter o contacto visual, o reparar mal-entendidos e interrupções e o respeito pelas máximas conversacionais - da qualidade, da quantidade, da relação e do modo;
Propor temas à discussão e realizar debates que obriguem as crianças a argumentar para defender um ponto de vista;
Propor a construção de textos instrucionais, relacionados com regras de utilização de materiais e equipamentos da sala de aula;
Exposição a fontes diversas de linguagem figurativa (metáforas, expressões idiomáticas, provérbios, anedotas, adivinhas) e exploração em grupo dos sentidos desses enunciados e dos contextos em que são usados;
Fazer, repetida e sistematicamente, perguntas que conduzam as crianças a antecipar conteúdo (por exemplo, *O que imaginas que vai acontecer a seguir?*) ou a inferirem informação (por exemplo, *Observa a expressão facial da personagem. Como imaginas que ela vai reagir?*);
Num texto ouvido/lido, fazer o levantamento das expressões linguísticas usadas para se referir a uma personagem, a um acontecimento, a um sítio, a um momento temporal, a um sentimento, etc.;
Num texto ouvido/lido, fazer o levantamento das expressões linguísticas usadas para transmitir a ideia de progressão (começo, sequências, conclusão, encerramento).

Fig. 2. Tipologia de atividades motivadoras do desenvolvimento do conhecimento pragmático

A título ilustrativo, exemplificamos o trabalho de desenvolvimento de conhecimento pragmático que poderia ser

53

feito a partir do visionamento de um episódio aleatório (*Proibido acampar*[13]) de um dos desenhos animados conhecidos pelas crianças (*A ovelha choné*) e da sua questionação sobre o mesmo.

Atividade: visionamento do vídeo e exploração de sentidos veiculados verbalmente ou através de códigos não-verbais ou através da imagem ou de silêncios.
Público-alvo: crianças de 2º ano de 1º CEB.
Objetivos: desenvolvimento da capacidade de antecipação e de inferência de informação que não é dita mas é veiculada e da capacidade de expressar opinião.
Metodologia: visionamento segmentado do vídeo e questionamento oral e coletivo da turma.

Etapas de desenvolvimento da atividade:
 Etapa 1: Visionamento do vídeo até ao minuto 0:51. Pausa.
 Questões a lançar:
   1.   *Descrevam o que veem.*
   2.   *Consideram que o campista respeita o espaço onde se encontra? Porquê?*
   3.   *Porque parou a música e se fez silêncio no vídeo?*

Etapa 2: Continuação do visionamento do vídeo até ao minuto 0:56. Pausa.
 Questões a lançar:
   1.   *Observaram a expressão das ovelhas? Parecem estar satisfeitas com o que veem?*
   2.   *Porque parecem tão descontentes?*

Etapa 3: Continuação do visionamento do vídeo até ao minuto 1:27. Pausa.
 Questões a lançar:
   1.   *O campista tem um ar amigável e simpático? Em que se fundamentam para justificar a vossa opinião?*
   2.   *O campista parece ser uma pessoa educada? Porquê?*
   3.   *O cão e as ovelhas estão satisfeitos com a presença deste campista? Em que se baseiam para justificar a vossa opinião?*

Etapa 4: Continuação do visionamento do vídeo até ao minuto 1:35. Pausa.   Questões a lançar: 1.   *O que vos parece que vai acontecer a seguir?*
Etapa 5: Continuação do visionamento do vídeo até ao minuto 3:21. Pausa.   Questões a lançar: 1.   *Por que razão desaparecem tão assustados os porcos quando se apercebem que o que está a sair da mala térmica são salsichas?*
Etapa 6: Continuação do visionamento do vídeo até ao final. Pausa.

---

[13] Disponível em: https://www.youtube.com/watch?v=3vlv6ij443c

54

Questões a lançar:
2. *O campista merece a partida que as ovelhas e o cão lhe pregaram?*
Defende com argumentos a tua opinião.

Fig. 3. Exemplo de uma atividade motivadora do desenvolvimento do
conhecimento pragmático

Conclusões

É chegado o momento de fazer o balanço final da reflexão.
O conhecimento pragmático é condição de eficácia na interação
discursiva, por isso ele deve começar a ser desenvolvido o mais
cedo possível nas crianças, desempenhando a Educação Pré-
Escolar e o 1º CEB um papel relevante neste processo, porque
responsáveis pela criação de um ambiente rico em linguagem e
em reflexão informal e formal sobre os usos específicos da
mesma.

A competência pragmática inclui diversas habilidades,
relacionadas com a capacidade que o falante tem em apropriar e
adequar os múltiplos discursos que produz às situações
específicas (situação formal ou informal, registo e objetivo da
interação) em que está a comunicar e às particularidades dos seus
interlocutores (nomeadamente, idade, estatuto sociocultural e
relação socioafetiva com o mesmo), sendo que com crianças
pequenas já é possível trabalhar algumas dessas habilidades, tais
como, o respeito pelos *princípios de cortesia* e de *cooperação*; a
compreensão e produção de diferentes tipos de *atos ilocutórios;* a
compreensão e produção de *diversos géneros textuais*; a
capacidade de resumir e de justificar opiniões; a capacidade de
antecipação de conteúdos e de fazer *inferências* e a capacidade
de interpretação em sentido literal e em sentido figurado, entre
outras.

Trabalhar estas habilidades linguísticas do domínio do
conhecimento pragmático supõe respeitar alguns princípios
orientadores do desenvolvimento linguístico nestes níveis de

escolaridade, dos quais destacamos o da *autenticidade*, o da *diversidade*, o da *frequência*, o da *brevidade*, o da *funcionalidade* e o da *ludicidade* das atividades de receção e de produção linguística. O respeito por estes princípios conduzirá a uma oferta de atividades variadas e interessantes, adequadas ao nível de desenvolvimento linguístico das crianças, que as conduzirão paulatinamente a um conhecimento, primeiro intuitivo, depois implícito e cada vez mais consciente, até se transformar em conhecimento explícito e refletido, transformando-os, certamente, em comunicadores eficazes.

Referências

Alves, J. (Dir.). (2001). *Quadro Europeu Comum de Referência para as Línguas. Aprendizagem, Ensino, Avaliação*. Lisboa: Edições Asa (Ministério da Educação/GAERI). Disponível em: http://www.dge.mec.pt/sites/default/files/Basico/Document os/quadro_europeu_comum_referencia.pdf

Aragonés, J. (2004). *Didáctica de la Lengua y la Literatura para Educar en el Siglo XXI*. Madrid: Editorial La Muralla.

Azeredo, M.; Pinto, M. e Lopes, M. (2014). *Da Comunicação à Expressão. Gramática Prática de Português*. Lisboa: Raiz Editora.

Buescu, H.; Morais, J.; Rocha, M.; Magalhães, V. (2015). *Programa e Metas Curriculares de Português do Ensino Básico*. Lisboa: Ministério da Educação e Ciência. Disponível em: http://www.dge.mec.pt/sites/default/files/Basico/Metas/Port ugues/pmcpeb_julho_2015.pdf

Cutting, J. (2002). *Pragmatics and Discourse. A Resource Book for Students*. London: Routledge.

Duarte, I. (2008). *O Conhecimento da Língua: Desenvolver a Consciência Linguística*. Lisboa: ME/Direcção-Geral de

Inovação e Desenvolvimento Curricular. Disponível em: http://area.dge.mec.pt/gramatica/O_conhecimento_da_lingu a_desenv_consciencia_linguistica.pdf

Fromkin, V. e Rodman, R. (1993). *Introdução à Linguagem.* Coimbra: Almedina.

Gonçalves, F.; Guerreiro, P.; Freitas, M. e Sousa, O. (2011). *O Conhecimento da Língua: Percursos de Desenvolvimento.* Lisboa: ME/Direcção-Geral de Inovação e Desenvolvimento Curricular. Disponível em: http://repositorio.ipl.pt/bitstream/10400.21/2678/1/Gonc% CC%A7alves_Guerreiro_Freitas_Sousa_2011.pdf

Menyuk, P. (1988). *Language Development. Knowledge and Use.* Boston: Scott, Foresman and Company.

Silva, M. (1997). *Orientações Curriculares para a Educação Pré-Escolar.* Lisboa: Ministério da Educação/DEB, Núcleo de Educação Pré-Escolar.

Sim-Sim, I.; Silva, A. e Nunes, C. (2008). *Linguagem e Comunicação no Jardim-de-Infância. Textos de Apoio para Educadores de Infância.* Lisboa: ME/Direcção-Geral de Inovação e Desenvolvimento Curricular. Disponível em: http://www.dge.mec.pt/recursos-0

Capítulo 4

O ensino da gramática nos primeiros anos de escolaridade [14]

António Pais
Instituto Politécnico de Castelo Branco
Escola Superior de Educação

Introdução

Ensinar gramática nos primeiros anos de escolaridade implica, do ponto de vista técnico-didático, estabelecer um conjunto de relações entre as dimensões implícita e explícita de abordagem à didática da gramática. Os fundamentos científico-linguísticos e os procedimentos estratégicos que definem este conjunto de relações devem ser procurados na interação que se deve definir à partida entre as diferentes conceções e processos metodológico-estratégicos de desenvolvimento da consciência linguística e as diferentes formas de conceber o ensinar e o aprender língua enquanto mecanismos de desenvolvimento curricular: funcionamento versus conhecimento explícito da língua.

---

[14] Pais, A. (2016). O ensino da gramática nos primeiros anos de escolaridade. In F. Azevedo, M. G. Sardinha, P. Osório (Coord.), *Elementos de Didática da Língua e da Literatura em Contexto Pedagógico* (pp. 59-90). Braga: Centro de Investigação em Estudos da Criança / Instituto de Educação. ISBN: 978-972-8952-40-2.

Do ponto de vista da relação didática, a seleção dos grandes domínios de abordagem curricular que a interface Conhecimento da Língua/Didática da Gramática determina nesta etapa da escolaridade é um elemento crucial de todo o processo. De acordo com a investigação realizada nas últimas décadas, em especial os trabalhos de Richard Hudson (2005; 2010), podemos definir como grandes campos de abordagem: (i) linguística descritiva/gramática da palavra: palavra fonológica, palavra morfológica, palavra semântica e classes de palavras; (ii) ensino e aprendizagem do vocabulário (iii) representação gráfica e ortográfica; (iv) linguística descritiva/gramática da frase: palavra morfossintática e grupo de palavras; (v) linguística textual – gramática do texto.

A partir deste contexto, o objetivo principal deste trabalho é abordar, do ponto de vista da crítica da razão didática, os grandes domínios técnico-didáticos que enunciámos e que a interface Integração Curricular/Didática da Gramática determina numa etapa da escolaridade em que o caráter transversal e a dimensão implícita da gramática têm de obrigatoriamente ser considerados, pois desempenham um papel fundamental.

Assim, num primeiro momento, far-se-á uma análise crítica às diferentes perspetivas de ensino da gramática, contextualizando-as no processo de elaboração de unidades didáticas enquanto esquema metodológico de excelência na prática do ensino globalizado que caracteriza os primeiros anos de escolaridade aos quais este trabalho se refere.

Seguidamente, abordar-se-á no âmbito da interface Integração Curricular/Didática da Gramática e à luz dos referenciais que orientam a prática educativa em Portugal (Programas e Metas Curriculares) as formas de integração dos conteúdos gramaticais em unidades didáticas, considerando como grandes planos de abordagem que definimos inicialmente.

Posteriormente, propor-se-á uma análise, com o detalhe possível, sobre os elementos didatológicos base e as características técnico didáticas que fundamentam o processo de construção de unidades didáticas para o ensino da gramática com recurso aos princípios da integração curricular nos primeiros anos de escolaridade.

No último ponto, apresentar-se-á uma proposta de matriz para a construção de unidades didáticas com exemplos de tarefas de ensino e aprendizagem da gramática que visam a materialização do objetivo principal definido para este trabalho – ensino da gramática no âmbito da integração curricular e do ensino globalizado nos primeiros anos da escolaridade.

Finalmente, apresentar-se-ão as considerações finais, apontando-se para uma necessidade de articulação entre textos reguladores da prática educativa e para a necessidade de um forte investimento na formação inicial e contínua de professores a este nível.

A tríade integração curricular, unidade didática e ensino da gramática

A investigação realizada nas últimas décadas, tanto para as realidades europeia e americana como para a asiática, evidencia diferentes tentativas de renovação das práticas de desenvolvimento curricular que se traduzem em tentativas de recuperação da integração didática como forma e opção metodológica de abordagem aos processos de ensino e aprendizagem da gramática.

Nos sistemas de ensino, como o português, com opção organizativo – curricular nos primeiros anos de escolaridade globalizada e centrada na figura de um professor titular ou tutor esta é uma realidade didática marcante.

A caracterização, na perspetiva evolutiva e relacional pedagógica, destas tentativas de reinvenção curricular revela que o pensamento didático atual está a ser fortemente influenciado pela emergência educativa da ásia oriental em que a aposta nos desenhos curriculares fundamentados no aprofundamento da diferenciação entre a epistemologia das disciplinas científicas e a epistemologia das disciplinas curriculares se revelou de grande importância para a eficácia dos processos de ensino e aprendizagem da gramática em contexto educativo.

A compreensão fenomenológica desta problemática e das formas de abordagem técnico-didáticas aos processos de ensino e aprendizagem da gramática e do desenvolvimento da consciência linguística nos primeiros anos de escolaridade marcam na génese o conceito de integração curricular que adotamos[15].

Se analisarmos, do ponto de vista diacrónico, a situação específica da evolução das formas de organização e desenvolvimento curricular em Portugal em relação a esta realidade marcante do pensamento didático, verificamos que, apesar dos sucessivos avanços e recuos característicos de uma política educativa marcadamente reformista, a introdução destes princípios do pensamento didático dominante foi feita e traduziu-se numa melhoria significativa do desempenho dos alunos portugueses no domínio das competências literácitas, amplamente confirmada pela investigação de âmbito nacional e internacional.

---

[15] Do ponto de vista técnico-didático, o conceito de integração curricular defendido neste trabalho assenta em fatores contextuais e no princípio de que uma abordagem ao processo ensino e aprendizagem da gramática nos primeiros anos de escolaridade de cariz meramente disciplinar promove a fragmentação excessiva do conhecimento linguístico, afastando-o da ordem natural de aprendizagem da língua pelos alunos desta faixa etária. Assenta, ainda, na conceptualização da diferenciação epistemológica clara na interface Linguística /Didática da Gramática, com a consideração que as relações que se estabelecem entre conhecimento linguístico e a microdidática da gramática se fundamentam na transversalidade curricular sem perda de identidade dos conteúdos gramaticais por mera diluição em análises de funcionamento da língua.

Esta evidência está diretamente relacionada com o facilitar do acesso aos livros e ao interconhecimento, ao desenvolvimento de programas específicos de formação de professores e a ela não é alheia, de igual modo, uma lenta, mas efetiva mudança de cultura educativa ao nível das formas de ensinar e aprender gramática. Da ênfase no modo e processo de funcionamento da língua característico das reformas curriculares encetadas nas décadas de 80 e 90, passou-se a partir da segunda metade da primeira década do séc. XXI, a dar maior primazia às questões do conhecimento explícito da língua e ao desenvolvimento da metalinguagem. Esta mudança de paradigma, aparentemente simples, revelou-se determinante e revolucionou as formas de aprender e ensinar gramática.

Práticas como o ensino sistematizado e contextualizado do vocabulário específico das diferentes áreas curriculares, a gradual perda de importância da gramática normativa e o crescimento das práticas de ensino experimental ao nível da gramática da língua são evidências empíricas do que acabámos de afirmar.

Do ponto de vista relacional dos processos de desenvolvimento curricular e da didática específica da gramática, uma análise atenta, por exemplo, às formas de organização dos manuais escolares e em particular das gramáticas de iniciação e da forma como estas expressam os princípios da integração didática materializados no desenho específico de aulas, revela, apesar dos progressos observados e referidos, um imobilismo didatológico e didático significativos que não acompanhou devidamente esta mudança de paradigma. Os processos de investigação sobre gramáticas e manuais escolares para o 1º CEB que realizámos evidenciam uma incoerência técnico–didática relevante como característica principal dos percursos para ensino da gramática propostos. São evidentes problemas de contextualização e integração curricular e uma deficiente abordagem às questões da metalinguagem e do desenvolvimento da consciência linguística. Frequentemente se observam propostas de percursos de ensino e aprendizagem que adotam como foco didático-linguístico descrições puras sobre o funcionamento da língua apresentadas com a finalidade didática de desenvolver a consciência linguística. Neste contexto, urge, a partir da consideração das duas dimensões base da integração didática – a dimensão epistemológica das áreas curriculares disciplinares escolares e a sua dimensão didática, redefinir as formas de organização do processo ensino e aprendizagem, construindo a base de uma matriz de desenho programático com potencial de eficácia que permita a verdadeira integração, substituindo os habituais somatórios de conteúdos e atividades por unidades de sequenciação estratégica, materializadas em unidades didáticas definidas a partir de um tema e um elemento integrador.

A designação unidade didática ou unidade de programação no ensino da gramática remete, do ponto de vista da conceção do processo ensino/ aprendizagem, para uma realidade baseada num conjunto de opções metodológico-estratégicas que apresentam como fundamentos técnicos de base:

i. uma forma específica de relacionar a seleção dos conteúdos programático-gramaticais (entendido como sequenciação didática) com o fator tempo (concebido como entidade biunívoca de relação entre tempo de ensino e tempo de aprendizagem da gramática);

ii. a aposta na coerência metodológica interna, a partir da seleção de uma unidade temática e da definição de elementos de integração curricular, que funcionam como eixos de uma relação biunívoca entre o conhecimento específico de um determinado domínio da gramática e as formas de abordagem técnico-didática ao desenvolvimento da consciência linguística;

iii. a consideração de que todos os elementos que intervêm nos processos de ensino e aprendizagem da gramática se articulam, nas perspetivas epistemológico-linguística e curricular, em percursos, como verdadeiros projetos de trabalho contextualizados.

Neste sentido, centrando-nos nestes princípios didatológicos base e na sistematização do conhecimento didático produzido neste campo nas últimas décadas (e.g., Escamilla, 1993, Beane, 1997; Spiegel, 2009), consideramos, no âmbito deste trabalho, as unidades didáticas com integração curricular como unidades de programação e forma de organização da prática docente constituídas por um conjunto sequencial de tarefas de ensino e aprendizagem que se desenvolvem a partir de uma unidade temática central de conteúdo e um elemento integrador num determinado espaço de tempo, com o propósito de alcançar os objetivos didáticos definidos e dar resposta às principais questões da relação específica epistemológico-curricular: o que ensinar da gramática (conteúdos, objetivos e descritores de desempenho), quando ensinar (sequenciação relacional ordenada de atividades e conteúdos), como ensinar (tarefas de ensino e aprendizagem, organização do espaço e do tempo, materiais e recursos didáticos) e como avaliar (metalinguagem, critérios e instrumentos).

Fundamentos e características técnico-didáticas para a construção de unidades de ensino e aprendizagem da gramática com recurso aos princípios da integração curricular

Pensar na programação didática para o ensino da gramática como um mero somatório de unidades didáticas para aplicar ao longo de um trimestre, ano ou ciclo, para além de constituir um erro primário do ponto de vista didático, revela formas estáticas de conceção do processo ensino e aprendizagem que em nada favorecem o desenvolvimento do principio didático fundamental da interação plena entre as formas de aprender e ensinar gramática num determinado contexto, com determinados alunos e professores – definição de relações de ação didática entre o conhecimento específico das diferentes áreas curriculares e as diferentes perspetivas de abordagem didática desenhadas com recurso aos elementos base da integração curricular: interconhecimento, interdisciplinaridade, intercomunicação e intertextualidade.

Na perspetiva da integração curricular, as unidades didáticas com inclusão de práticas de ensino e aprendizagem da gramática configuram-se como espaços globais de organização curricular e definição de modos de conceber e atuar e apresentam como características fundamentais:

i. referir-se a contextos de aprendizagem reais, práticos e úteis, do ponto de vista da aprendizagem da gramática e do desenvolvimento da consciência linguística;

ii. definir com clareza objetivos didáticos a alcançar e aprendizagens a realizar;

iii. formar metodologicamente um todo coerente, a partir da inter-relação de todos os elementos didáticos que devem presidir ao ensino da gramática nos primeiros anos de escolaridade: observação e ação sobre contextos linguísticos de proximidade, abordagem com referência a esses contextos dos conteúdos gramaticais, prática efetiva de uso do conhecimento linguístico abordado;

iv. respeitar os princípios da progressão e da sequencialidade didática;

v. ser flexíveis, permitindo a revisão permanente;

vi. ser adequadas a um contexto sociocultural, léxico-cultural e pedagógico-gramatical específicos;

vii. ser coerentes com os princípios educativos e as características de transversalidade programática e de interação das áreas curriculares que a integram;

viii. ser motivadoras, implicando ativamente os alunos no seu desenvolvimento linguístico;

ix. ser práticas, dinâmicas, e adaptáveis em função das experiências de ensino e aprendizagem da língua dos intervenientes;

x. ser adequadas em relação à previsão do tempo necessário para a sua aplicação;

xi. ser avaliáveis, permitindo a adequação permanente às reais necessidades de comunicação dos implicados.

Do ponto de vista estrutural, uma Unidade Didática com integração de conteúdos gramaticais deve incluir na sua estrutura longitudinal e de transversalidade os seguintes elementos técnico-didáticos base, considerados de forma global e integrada:

A. Elementos didatológicos:

A.1. fundamentação didatológica - descrição breve da Unidade Didática e justificação, em que se especifica também o título da mesma, os princípios metodológico-estratégicos adotados, os conhecimentos prévios exigidos aos alunos (pré-requisitos), o número de horas de lecionação previsto, o ano e o ciclo;

A.2. caracterização do contexto de ensino e aprendizagem – o conhecimento do contexto linguístico-didático é fundamental para o desenho dos processos de ensino e aprendizagem, uma vez que implica uma consequente adaptação aos alunos concretos, ao espaço e aos materiais disponíveis, afetando-lhe um determinado tempo;

A.3. definição dos objetivos didáticos e dos descritores de desempenho – estes são definidos de acordo com os conteúdos programáticos e as metas de aprendizagem estabelecidos, nos Programas e Metas Curriculares Nacionais e nos Projetos Curriculares de Agrupamento/Escola e Turma.

B. Seleção e sequenciação do conteúdo programático:

B.1. definição do tema e do(s) elemento(s) integrador(es), enquanto categorias base de coesão e integração curricular;

B.2. seleção do conteúdo programático – a seleção das áreas, das competências gerais e específicas e dos conteúdos enquanto elementos fundamentais que estarão na base do desenho dos percursos de ensino e aprendizagem;

C. Desenho dos percursos de ensino-aprendizagem:

C.1. definição dos critérios de sequenciação e integração das tarefas de ensino e aprendizagem, considerando o tema, os elementos integradores e os princípios da progressão e da integração didático-curricular;

C.2. seleção das tarefas de ensino e aprendizagem, em função das áreas, do conteúdo programático, dos objetivos visados, da diversidade e da completude das diferentes tipologias de atividade.

C.3. elaboração dos guiões de aprendizagem integrados para a sua execução.

D. Avaliação – este passo é fundamental para refletir e reajustar a prática educativa, potenciando a eficácia das aprendizagens dos alunos e o desempenho do professor:

D.1. avaliação das aprendizagens dos alunos.

D.2. meta-avaliação ou reflexão sobre a própria prática avaliativa.

Especificidade da abordagem aos conteúdos gramáticas em unidades curriculares integradas no âmbito do currículo (programas e metas curriculares)

Adotando como base de ancoragem o esquema matricial proposto, surge-nos agora como importante a reflexão sobre as formas de adequação e compatibilização didática desta opção com a estratégia veiculada pelos documentos que regulam a prática educativa.

Neste sentido, os *Programas e Metas Curriculares de Português do Ensino Básico* (PMCPEB, 2015) apresentam como objetivo central - contribuir para a melhoria das aprendizagens dos alunos, tendo por base determinados princípios estratégicos que se configuram na valorização do princípio didático da progressão, com níveis crescentes de complexidade no acesso ao conhecimento linguístico, como se comprova em afirmações como "(...) valorização do princípio da progressão (...)" ou ainda "(...) conhecimentos a adquirir e as capacidades que se querem ver desenvolvidas, respeitando a ordem da progressão da sua aquisição." (PMCPEB, 2015:1).

Aposta-se, assim, na revalorização do ensino e da aprendizagem da gramática, em virtude da introdução dos conteúdos gramaticais ocorrer logo no primeiro ano de escolaridade – por imposição curricular, tradicionalmente, o ensino explícito da gramática ocorria a partir do 3º ano de escolaridade.

A par desta revalorização, emerge nos PMCPEB (2015) como determinante a proposta de mudança do eixo estratégico-didático de abordagem aos conteúdos gramaticais – de uma visão de reflexão sobre o funcionamento da língua passa-se a uma visão epi-metalinguística[16] com ação didática direta sobre as formas de construção do conhecimento explícito sobre a língua.

Do ponto de vista da integração curricular, este aspeto é determinante, pois configura na essência a base da atuação didática nas perspetivas do ensino e da aprendizagem, conferindo grande importância à harmonização entre as dimensões epilinguística e metalinguística no trabalho a desenvolver sobre o ensino e a aprendizagem da gramática.

A esta opção estratégica não é certamente alheio o facto de a investigação ter demonstrado que se associarmos elementos didáticos ativadores da aprendizagem implícita da gramática[17] à transcrição e à paráfrase, ficamos em presença de tarefas de ensino e aprendizagem com grande potencial de eficácia.

Outro exemplo que podemos citar é a introdução das pseudopalavras. Embora a função primordial da sua inclusão seja o domínio da leitura e da escrita (treino e avaliação da capacidade de decifração com recurso à via fonológica ou indireta), o seu potencial didático está muito para além desta realidade. Se, num mero jogo linguístico de criação, atribuirmos significado às associações silábicas criadas para formarmos as pseudopalavras e pedirmos aos alunos que juntem elementos para formar novas estruturas dentro das unidades então criadas, estamos a contribuir para a aprendizagem intuitiva da génese dos processos de flexão

---

[16] Epilinguística é a designação utilizada pelos didatas norte-americanos e brasileiros para se referirem ao trabalho realizado no âmbito do ensino implícito da gramática a partir da análise de situações reais de uso da língua.

[17] Por exemplo, a cor – transcrevendo letras maiúsculas, acentos gráficos, sinais de pontuação, …, com cores diferentes daquela em que é feita a *cópia* do texto base).

(junção de morfemas gramaticais) e de formação de novas palavras (junção de morfemas lexicais)[18].

Por ser fundamental à definição das formas de inclusão dos conteúdos gramaticais em unidades curriculares integradas, impõe-se agora analisar mais a fundo os fundamentos estruturais desta nova visão didático-estratégica de abordagem.

No quadro 1 podemos ver em termos organizacionais as principais características dos PMCPEB (2015).

Estruturação e características base
Organização por domínios: oralidade; leitura e escrita; iniciação / educação literária; gramática.
Para cada domínio, são definidos objetivos e para estes descritores de desempenho. Cada meta é então constituída pelo objetivo e o conjunto dos descritores de desempenho que lhe correspondem. Metas definidas por ano de escolaridade.

Quadro 1. *Programas e Metas Curriculares de Português do Ensino Básico* (2015)

Quando cruzamos esta definição estrutural com os princípios que estão na base de desenhos de aula com recurso à integração curricular para os ensino e aprendizagem da gramática, há dois aspetos que merecem a nossa atenção. Por um lado, a reorganização feita por domínios, por outro a definição de conteúdos e de metas por ano de escolaridade, rompendo com a

---

[18] Consideremos, por exemplo, estas 5 pseudopalavras: sise / queli / veve / lipi / siseo, às quais fizemos corresponder respetivamente os seguintes significados em português: casa/ boneca / velha / nova/ casas. Questionemos então os alunos: Que significa na língua que acabámos de criar *siseveve? E quelio? Como se forma o plural nessa língua? Como se diz boneca nova?* Obviamente, *a complexidade das questões a formular varia em função da faixa etária e do nível de desenvolvimento do grupo de alunos participantes.*

visão bietápica tradicionalmente considerada para o 1º Ciclo em Portugal (1º e 2º anos, por um lado; 3º e 4º anos, por outro).

Se no primeiro caso, a restruturação parece globalmente positiva, pois respeita a tendência natural da prática de ensino e aprendizagem da leitura e da escrita em simultâneo e como processo, favorecendo a prática da integração curricular, no segundo caso, a nossa análise vai em sentido contrário. Os PMCPEB (2015) propõem uma redução drástica de conteúdos, que só se pode justificar pela dificuldade encontrada na seleção descontextualizada e feita em abstrato a partir dos conteúdos de etapa referidos nos Programas de Português do Ensino Básico – PPEB (2009) que devem ser trabalhados em cada ano de escolaridade. Recorde-se que, de acordo com o expresso nos PPEB (2009), esta era uma tarefa que competia aos professores e devia ser feita de acordo com a realidade contextual das escolas e dos seus grupos turma. Acresce que esta intromissão dota os PMCPEB (2015) de um caráter de programa minimalista, dificultando, do ponto de vista didático, a utilização em simultâneo e de forma articulada das duas vertentes que integram o documento – Programa e Metas.

Em presença destes factos, temos de nos interrogar: é viável e produtiva do ponto de vista didático a utilização de forma articulada do Programa e das Metas tal como apresentadas no documento?

Com rigor, é difícil dar resposta a esta pergunta, porque na vertente das Metas pode ler-se que houve "uma nova arrumação de alguns conteúdos" (PMCPEB, 2015:5) e que "houve a preocupação de as formular de forma clara e precisa de modo a que os professores saibam *com exatidão* o que se pretende que o aluno aprenda. Em termos práticos, isto significaria, como naturalmente seria de esperar, que na outra vertente - Programas se apresentasse informação suficiente e relevante, ainda que minimalista, para o desenvolvimento da ação educativa. Contudo, com tanta desarticulação nos níveis técnico – estrutural e linguístico-didático, quem pode garantir que a lista de conteúdos apresentada na vertente dos Programas em modo *check list* conduz ao alcance das Metas definidas?

Face a esta realidade, aos professores não resta outra alternativa que encontrar formas de compatibilização, não perdendo de vista que o processo de ensino deve ser orientado pela vertente programática e que a função principal das metas é regular a aprendizagem, servindo de referencial à prática avaliativa.

No âmbito deste trabalho, tendo como objetivo principal propor formas de prática de integração curricular para o ensino da gramática no 1º CEB através do desenho de unidades didáticas, compete-nos fazer esse trabalho ao nível do que no novo documento aprece designado como Domínio da Gramática.

Contudo, como se depreende da leitura da introdução dos PMCPEB (2015) a utilização do termo Gramática para designar o Domínio não inviabiliza o trabalho técnico-didático a desenvolver no âmbito do Conhecimento Explícito da Língua, quer na forma transversal quer na forma específica. Na verdade, qualquer indivíduo, ao iniciar o processo de escolarização, tem conhecimento gramatical sobre a língua – conhecimento fonológico, morfológico, sintático, lexical, semântico e pragmático (Costa *et al*, 2011). Do que o indivíduo carece é de reflexão sobre características formais da língua, olhando-a de fora, como se de um objeto se tratasse, sendo capaz de conhecer e explicitar regras e estruturas da língua em diferentes situações específicas de uso. Aliás, é neste aspeto que se compreendem as relações da interface linguística / didática da gramática, na medida em que o conhecimento gramatical se aprofunda através do conhecimento explícito da língua.

Importa, agora, pelo impacto que tem no desenho de unidades curriculares integradas a observação de como nos PMCPEB (2015) se contemplam os campos de abordagem ao ensino e à aprendizagem da gramática.

Considerando, como se define no próprio documento, que os conteúdos estão claramente definidos na primeira parte - Programas, nas Metas apresenta-se uma proposta de sequenciação dos conteúdos listados na primeira parte e que devem ser trabalhados explicitamente pelos alunos. Contudo, estes aparecem no texto diluídos entre objetivos e descritores de desempenho e nem sempre é fácil compreender a forma de articulação, mesmo considerando que nos conteúdos se faz uma referência explícita às metas que os pretendem desenvolver.

Modo Oral	Oralidade	Gramática					
		Explicitar aspetos fundamentais da fonologia do português	Descobrir e explicitar regularidades no funcionamento da língua	Compreender formas de organização do léxico	Conhecer classes de palavras	Analisar e estruturar unidades sintáticas	
Modo Escrito	Leitura e Escrita						
	Iniciação à / Educação Literária	Dimensão Específica					

Quadro 2. Objetivos e formas de abordagem à aprendizagem da Gramática nos *Programas e Metas Curriculares de Português* – 1º Ciclo (2015)

Como podemos verificar, a consideração dos planos de abordagem ao estudo da Gramática no 1º CEB mantém-se inalterada em relação ao que os PPEB (2009) apresentavam. Contudo, a preocupação em definir à partida, através dos objetivos e dos descritores de desempenho, as condições de transversalidade na aprendizagem dilui de algum modo a clareza das opções técnicas no domínio da interface Linguística / Didática da Gramática. Mesmo considerando, como se diz no texto introdutório dos PMCPEB (2015), que o que se apresenta é uma seleção dos conteúdos programáticos considerados fundamentais em termos do conjunto das aprendizagens a realizar pelos alunos, dificilmente se percebe do ponto de vista didático a lógia de seleção seguida.

Se analisarmos detalhadamente a síntese do conjunto das aprendizagens ao nível da gramática proposta como fundamental para os primeiros anos de escolaridade, facilmente podemos compreender esta realidade.

1º Ano	Processos de flexão em género e número de nomes e adjetivos regulares. Relações horizontais entre palavras, sem exigência de metalinguagem (sinonímia e antonímia)
2º Ano	Classes de palavras (nomes, verbos, adjetivos e determinantes artigos). Relações horizontais entre palavras, sem exigência de metalinguagem (sinonímia e antonímia)
3º Ano	Processos de flexão em género e número de nomes e adjetivos terminados em ão. Flexão verbal – tempo (presente do indicativo) Classes de palavras (nome, verbo, adjetivo, pronome, determinante, advérbio, quantificador numeral). Relações horizontais entre palavras (sinonímia e antonímia). Sintaxe – Tipos de frase (declarativa, interrogativa e exclamativa).
4º Ano	Processos de flexão em género e número de nomes e adjetivos terminados em consoante Processos de flexão em grau de nomes e adjetivos. Flexão de verbos regulares e irregulares frequentes em pessoa, modo (indicativo e imperativo) e tempo (pretérito: perfeito e imperfeito; futuro). Sintaxe – Tipos de frase (imperativa). Sintaxe – funções sintáticas (sujeito e predicado).

Quadro 3. Síntese do conjunto de conteúdos que configuram as aprendizagens consideradas fundamentais ao nível da dimensão específica da gramática nos *Programas e Metas Curriculares de Português* – 1º Ciclo (2015)

A partir da análise da inter-relacionada entre as duas vertentes do documento (Programa e Metas) e do posicionamento face ao ensino da gramática que veiculam, e considerando o que acabámos de afirmar no parágrafo anterior, as práticas de ensino e aprendizagem da gramática no 1º Ciclo devem realizar-se através de tipologias de atividades sequenciais que garantam que a observação e a explicitação de conteúdos antecedem com caráter de obrigatoriedade as atividades práticas de sistematização e avaliação. A inversão desta ordem lógico-didática trará, como reconhecem os mais variados especialistas (e.g., Reyzabal, 2006; Duarte 2009; Costa, 2011), importantes consequências na interiorização do erro em qualquer um dos planos que consideramos como obrigatórios na abordagem à gramática.

O ensino de técnicas explícitas de acesso ao conhecimento da língua a partir da observação da realidade próxima e da consideração das reais necessidades de uso da língua dos alunos deve configurar, então, a base de aproximação ao ensino da gramática nos primeiros anos de escolaridade. As diferentes tipologias de atividades (abordagem inicial/explicitação de conteúdos, sistematização, avaliação, ampliação/reforço) devem combinar-se entre si em ciclos sequenciais – ciclos de prática gramatical, formando verdadeiros percursos integrados de abordagem aos conteúdos do conhecimento explícito da língua / gramática.

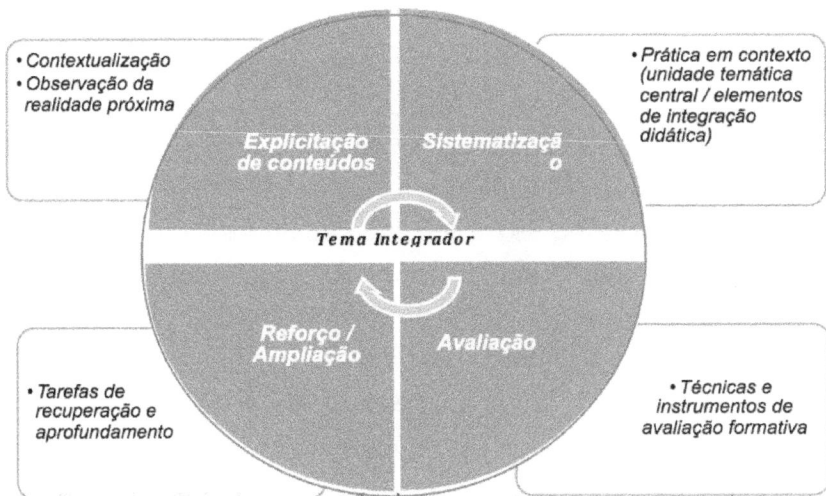

- Contextualização
- Observação da realidade próxima

Explicitação de conteúdos

Sistematização

- Prática em contexto (unidade temática central / elementos de integração didática)

Tema Integrador

Reforço / Ampliação

Avaliação

- Tarefas de recuperação e aprofundamento

- Técnicas e instrumentos de avaliação formativa

Figura 1. Ciclo de construção de percursos de ensino e aprendizagem integrados para abordagem ao Domínio da Gramática

A inclusão de ciclos de prática gramatical em unidades curriculares integradas obriga, para além disso, à sua contextualização na temática central da unidade e à definição de elementos de integração didática. Do ponto de vista do ensino integrado de conteúdos gramaticais, os textos (literários e não literários) e a utilização didática de objetos, imagens, situações problema, ... extraídos do conteúdo destes, configuram-se como os elementos integradores de excelência.

Exemplificação prática – Laboratório gramatical

O recurso ao desenho de aulas através de unidades didáticas com base na integração curricular é, pelo seu caráter prático e de aproximação à forma natural como os alunos constroem o conhecimento sobre a língua nesta faixa etária, uma proposta metodológica de grande potencial técnico-didático. Segundo Escamilla (2009), os resultados de investigação efetuada em diferentes países têm evidenciado que o trabalho com unidades didáticas é o que melhores resultados produz ao nível da

77

motivação e das aprendizagens efetivamente realizadas. A estes factos acrescentamos, ainda que empiricamente, o impacto positivo no que se refere às formas de organização do processo ensino e aprendizagem quer do ponto de vista do ensino, quer do ponto de vista da aprendizagem.

Neste sentido, o uso sistemático de unidades didáticas com referência curricular a uma determinada unidade temática central e elementos de integração cuidadosamente selecionados facilita o desenho dos objetos didáticos que devem orientar a prática letiva. Nesta perspetiva metodológica, são dois os objetos didáticos principais a considerar nesta proposta. Do ponto de vista do ensino, um guião de unidade didática construído com base nos elementos que descrevemos anteriormente; do ponto de vista da aprendizagem, guiões de aprendizagem que mais não representam que a transformação técnico-didática do conteúdo do guião da unidade (professor) em material de trabalho para o aluno. Os guiões de aprendizagem (aluno) devem ser apelativos e motivadores e do ponto de vista estrutural e de conteúdo devem obedecer a quatro características principais: apresentar ao aluno inicialmente e de forma sintetizada e clara as aprendizagens a realizar e o vocabulário específico a aprender; ser simples e esquemáticos, não se confundindo com a habitual estrutura das fichas de trabalho ou de avaliação; apresentar as tarefas de aprendizagem de acordo com a sequência didática prevista no guião da unidade (professor), formando um todo coerente; incluir propostas abrangentes de tarefas e formas de registo de avaliação que possibilitem aos alunos e ao professor verificar a progressão nas aprendizagens.

Esta metodologia assenta no pressuposto de que no processo de aquisição do conhecimento gramatical é vantajoso, para o aluno e para o professor, que as tarefas de ensino e aprendizagem se integrem num todo, formando uma proposta didática globalizada em que se interligam as diferentes áreas curriculares, afastando-se da prática letiva a realização de exercícios gramaticais taxionómicos descontextualizados, que tendencialmente geram desmotivação e tornam a aprendizagem da gramática pouco desafiante e pouco interessante.

Pretende-se que a proposta apresentada, desenhada para o 4º ano de escolaridade, sirva para explicitar a forma de integração curricular dos seguintes conteúdos gramaticais previstos nos PMCPEB (2015): estruturação de unidades sintáticas, com recurso ao estudo da ordem natural ou canónica do português (padrão SVO – frases declarativas). A razão que nos leva a propor a exemplificação apenas para estes conteúdos prende-se com o facto de ser materialmente impossível apresentar nas páginas deste trabalho a proposta integral da unidade didática. Acresce que cada unidade didática é uma realidade única fundamentada no contexto e nos fins didáticos a que se destina, pelo que não generalizável dos pontos de vista da sua qualidade didática e do seu potencial para gerar motivação e aprendizagem.

Sendo, como definimos inicialmente, o objetivo primordial deste trabalho a exemplificação com base na fundamentação científico-didática proposta, essa sim generalizável, apresentar-se-ão propostas de integração curricular exemplificativas extraídas do esquema global da unidade e contextualizadas no ensino e aprendizagem da gramática. Cremos ser esta a proposta metodológica mais eficaz, no sentido de permitir ao leitor apropriar-se das ferramentas necessárias para se aventurar no mundo do ensino da gramática, fundamentado na integração curricular.

Passemos então à apresentação na especificidade da proposta concreta de ação didática. A proposta sequencia um itinerário de laboratório gramatical integrado e apresenta como principal elemento de integração didática o conto – Leitura no Comboio, de Sofia de Mello Breyner Andresen. Do ponto de vista da finalidade didática, a proposta visa conduzir os alunos ao domínio da arquitetura da frase com fundamento no âmbito da Interface linguística / Didática da Gramática no estudo do padrão

SVO/M nas frases declarativas do português europeu. A identificação e combinação de argumentos internos e externos do verbo constitui a base de ação didática que conduzirá os alunos à produção frásica, começando pela ordem natural do português (SVO), alargando-a posteriormente a outras combinações através da manipulação da ordem natural.

Exemplificação prática

A- Apresentação da proposta

Didática Integrada

Dinâmica de inovação no ensino e na aprendizagem da gramática do português

Laboratório de gramática

Introdução ao estudo da ordem natural como base de desenvolvimento da consciência linguística

Ficha técnica:

Título: Laboratório de Gramática – Introdução ao estudo da ordem natural (padrão SVO/frases declarativas) como base de desenvolvimento da consciência linguística

Ideia, coordenação e responsabilidade científica: Professor António Pais

Instituto Politécnico de Castelo Branco
Escola Superior de Educação , 2016

Didática Integrada

Dinâmica de inovação no ensino e na aprendizagem do português

Laboratório de gramática

Com a elaboração deste trabalho, propusemo-nos alcançar os seguintes objetivos: Criar e promover formas inovadoras de ensinar e de aprender a língua; relacionar, de forma dinâmica, as componentes científico - linguística e didática na perspetiva evolutiva de estudo da língua, em contexto de ensino e aprendizagem.

Estruturalmente, o trabalho desenvolve-se a partir da exploração (compreensão e interpretação) do conto "Leitura no comboio" de Sophia de Mello Breyner Andresen, utilizado como elemento integrador. A partir dele, apresentam-se diferentes tarefas de ensino e aprendizagem que têm como eixo central de ação didática a abordagem ao estudo da língua com recurso a dois elementos estruturantes fundamentais: o conhecimento da ordem natural do português e o desenvolvimento e treino dos processos mentais inerentes à sua compreensão e manipulação.

B. Desenvolvimento Inicial da proposta / Leitura
B.1. Antes de ler

"Leitura no comboio"

Sophia de Mello Breyner Andresen

Antes de ler

Sei para que vou ler?
Percebi pelo título qual o tema do texto?
Revi o que sei sobre o assunto?

Viagens, transportes

e muitas leituras.

2- A leitura

Vamos falar de viagens, meios de transporte e leitura.

Registamos e afixamos no painel da turma.

Vamos falar do texto. Não nos podemos esquecer de falar da autora, do título e da ilustração.

ANTES DE LER - Ativação do conhecimento prévio, recriação do ambiente da leitura e conhecimento da autora e da obra.

Leitura no comboio

Li há dias que uma viagem de comboio é duas vezes mais barata que uma viagem de automóvel e quatro vezes mais barata que uma viagem de avião – fiquei contente, pois detesto as velocidades e as ultrapassagens da estrada, e também não gosto de ir encolhida no avião com ar condicionado e claustrofobia, sujeita à confusão extraterrestre.

Mas gosto do comboio onde, além do mínimo de liberdade de movimento nosso, há o longo apito nostálgico que se alonga e estende pelas paisagens, onde corremos, baloiçando um tanto rente à terra, "a terra de largos flancos, suporte seguro, chão seguro para sempre oferecido aos mortais", como diz Hesíodo.

Para além de ser mais barato, o comboio é mais ecológico, destrói menos a atmosfera das alturas que o avião, destrói menos a terra arável do que as estradas e as autoestradas e destrói menos os nossos ossos que o automóvel [...]

Naquele mês de setembro, deixei a família seguir sem mim para Lisboa e fiquei sozinha na praia a gozar os últimos dias de verão.

Até que a água do mar arrefeceu e as noites no terraço começaram a ser arrepiadas por agrestes lufadas de vento. Decidi que chegara a altura de me ir embora.

Decidi também voltar de comboio.

Pois o comboio me parece bem melhor do que a estrada, com as suas curvas e contracurvas, as bichas de camionetas, as ultrapassagens, os carros fora de mão, a violência e a sofreguidão da pressa. E os antigos comboios têm um andamento monótono e pacífico que deixa o nosso pensamento livre e em paz, sobretudo se tivermos a sorte de viajar numa carruagem pouco povoada.

Por isso, no dia da partida, quando cheguei à estação, pensei que o destino estava do meu lado. De facto, havia muitos passageiros, mas todos turistas de mochilas às costas, que se apinharam nas numerosas carruagens de segunda classe. A única carruagem de primeira estava praticamente vazia. Nela havia apenas dois passageiros, instalados logo à entrada, no primeiro compartimento: era um casal, marido e mulher, sentados um em frente do outro e virados para o corredor, obviamente para ver quem entrava. Depois, sucessivos compartimentos vazios. Instalei-me no último deliciada com o conforto que dão o espaço e a independência.

O comboio pôs-se em andamento e fechei a janela ao meu lado, mas deixei a porta bem aberta para o corredor com numerosas janelas por onde sopravam umas contínuas e saudáveis correntes de ar. Enquanto seguimos ao longo da costa, fiquei a olhar ao longe o faiscar do mar e, mais próximas, as pequenas estações nostálgicas do século XIX com as suas frondosas magnólias: quando o comboio virou para o interior, eu instalei-me e encostei-me, tirei do cesto da praia um ótimo livro de bolso sobre a educação na Grécia Antiga e comecei a ler. [...]

LEITURA – leitura orientada de Sophia de Mello Breyner Andresen, «Leitura no Comboio», Quatro Contos Dispersos, Porto, Figueirinhas, 2008. Recomenda-se o recurso à técnica dos Círculos de Leitura, de SERGE TERWAGNE.

C. Apresentação do conteúdo gramatical
C.1. Explicitação de Conteúdos / professor

O ensino da arquitetura da frase com base no estudo da ordem natural

Do ponto de vista linguístico - didático, o ensino da arquitetura da frase a partir do estudo da ordem direta fundamenta-se na importância da consideração do binómio verbo / nome.

Neste sentido, ensinar a produzir frases corretas para construir discursos orais e escritos mais não significa que desenvolver nos estudantes as capacidades para determinar verbos e nomes, nas posições fundamentais do esquema matricial base da frase na ordem direta.

O processo didático de desenvolvimento das capacidades para determinar verbos e nomes deve ser feito respeitando o princípio didático da progressão e considerando as quatro formas base da determinação verbal e nominal – forma de palavra; forma de grupo (nominal, adjetival, preposicional e adverbial); forma de oração reduzida (verbo nas formas não finitas – infinitivo, gerúndio e particípio); e forma de oração desenvolvida.

Do ponto de vista técnico - didático, até ao 2º ciclo do ensino básico devem privilegiar-se as formas de palavra e grupo, alargando-se progressivamente no 3º ciclo às formas oracionais.

A- O ensino da arquitetura da frase a partir do preenchimento das posições 1, 2 e 3 nas ordens direta e marcada.

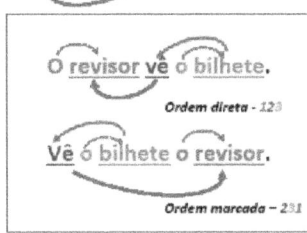

| Posição 1 | Posição 2 | Posição 3 |
| Nome 1 | Verbo | Nome 2 |

O revisor vê o bilhete.

Ordem direta - 123

Vê o bilhete o revisor.

Ordem marcada – 231

3- Laboratório de Gramática I

Exercício 1

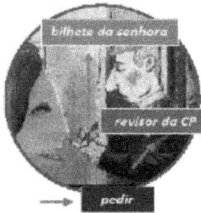

1- Lê com muita atenção a frase 2.
  a. Desenha a seta que falta.
  b. Identifica, utilizando o código numérico, a ordem de constituintes da frase.
  c. Diz e escreve a frase na ordem direta (1, 2, 3)

bilhete da senhora

revisor da CP

pedir

Posição 1	Posição 2	Posição 3
Nome 1	Verbo	Nome 2

F1: Pediu o revisor da CP o bilhete da senhora.

b) ____ ____ ____

c) _____

Exercício 2

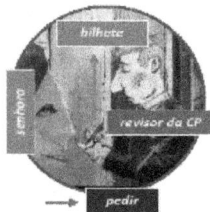

Lê com muita atenção a frase 2.
  a. Desenha as setas que faltam.
  b. Identifica, utilizando o código numérico, a ordem de constituintes da frase.
  c. Diz e escreve a frase na ordem (3, 1, 2, 3)

bilhete

senhora

revisor da CP

pedir

Posição 1	Posição 2	Posição 3
Nome 1	Verbo	Nome 2

F2: O revisor da CP pediu o bilhete à senhora.

b) ____ ____ ____ ____

c) _____

3- Laboratório de Gramática 1

Conclusão

Com as reformas curriculares dos últimos anos intensificou-se o debate sobre o papel que a escola deve assumir em relação ao desenvolvimento da competência linguística dos alunos, questionando-se as práticas de ensino e reivindicando-se, em muitos casos, o regresso do ensino explícito da gramática. Obviamente que desde esta posição o que se defende, com fundamento no senso comum, é o regresso da gramática normativa. A estas tomadas de posição não são alheias certamente as devastadoras consequências que o ensino do conhecimento da língua pela perspetiva da reflexão sobre o seu funcionamento provocou.

Independentemente destas análises, mais ou menos simplistas, a leitura dos resultados dos exames nacionais e a análise cruzada destes com os resultados da avaliação interna provam que o conhecimento dos alunos no que concerne ao conhecimento explícito da língua nas dimensões específica e transversal nos primeiros anos da escolaridade não apresenta valores satisfatórios. Por essa razão, consideramos ser muito importante refletir e investigar sobre novas formas de abordagem aos processos de ensino e aprendizagem. É neste contexto que temos trabalhado, tentando definir do ponto de vista estratégico-didático novas formas de abordagem ao ensino da gramática, contextualizando-as nos processos de integração curricular, que caracterizam o ensino globalizado neste nível de escolaridade

Assim sendo, apresentou-se uma proposta de laboratório gramatical com recurso à integração curricular, concretizando-se, no âmbito deste artigo, essa proposta através da exemplificação de experiências de integração didática cujo objetivo é o trabalho dos conteúdos da gramática no âmbito da integração curricular. Note-se bem que nenhuma proposta didática deve ser encarada como receita para o sucesso na aprendizagem, devendo o professor, antes de as utilizar, analisar a natureza dos conteúdos a aprender e considerar o perfil do grupo com o qual trabalha. Além disso, acreditamos que será sempre útil e produtivo o professor proporcionar momentos de aprendizagem diversificados.

A problemática do ensino da gramática não se esgota na análise de Programas e Metas e em propostas didáticas. Importa salientar ainda que os manuais nem sempre ajudam, desviando-se, por vezes, das indicações veiculadas pelos Programas ou optando os seus autores, por exemplo, por aceções metodológicas fragmentadas e incoerentes nas propostas para o ensino da gramática que apresentam. A proposta metodológica de organização do processo ensino e aprendizagem por unidades didáticas utilizada na maior parte dos países tarda em impor-se em Portugal, com as consequentes perdas para os alunos e para a qualidade da própria escola.

Outro aspeto que nos merece particular atenção é a formação de professores, tanto no que respeita à formação inicial, como no que reporta à formação contínua. Um professor deve ser, cada vez mais, um investigador não confinando o seu conhecimento científico e didático aos estudos efetuados durante a sua formação inicial. O conhecimento de diferentes realidades educativas e a possibilidade de conhecer e experimentar novos modos de ação didática são vitais para a criação de ambientes de aprendizagem de qualidade.

Finalmente, e em conformidade com o exposto, defendemos: i) uma maior articulação e conformidade entre os textos que regulam a prática pedagógica e entre estes os manuais escolares ao nível do ensino da gramática nos primeiros anos de escolaridade; ii) uma maior aposta na integração curricular através da metodologia de planificação por unidades didáticas como forma de respeitar a forma natural como os alunos constroem o conhecimento nesta faixa etária; iii) um maior investimento na formação de professores, como atores críticos em cenários de mudança. Por último e igualmente importante, parece-nos necessário, por parte das instituições de ensino superior com responsabilidades na formação de professores para os primeiros anos de escolaridade, um forte investimento em linhas de investigação no âmbito da integração curricular e do ensino globalizado que desde há muito é a opção organizativa do sistema de ensino português.

Referências

AA. VV. (2011). *Guião de Implementação do programa de português para o Ensino Básico. Conhecimento explícito da língua.* Lisboa: Ministério da Educação/DGIDC.

AA. VV. (2015). *Programas e Metas Curriculares de Português para o Ensino Básico.* http://dge.mec.pt/metascurriculares/index.php?s=directorio &pid=16

Andresen, S. de M. B. (2014). *Quatro contos dispersos.* Porto: Porto Editora.

Beane, J. (1997). *Curriculum Integration.* New York: Teachers College Press.

Bechara, E. (2002). *Ensino da Gramática. Opressão? Liberdade?* São Paulo: Editora Ática.

Costa, J. (2002). Será que a linguística generativa pode ser útil aos professores de Português? In AA.VV. *II Jornadas Científico-Pedagógicas de Português* (pp. 225-243). Coimbra: Livraria Almedina.

Duarte, I. (2008). *O Conhecimento da Língua: Desenvolver a Consciência Linguística.* Lisboa: Ministério da Educação/DGIDC.

Elisabeth, T.; Graeme, T. (2013). *Constructonalization and constructional changes.* Oxford: Oxford University Press.

Escamilla, A. (1993). *Unidades didáticas: una propuesta de trabajo de aula.* Zaragoza: Edelvives.

Fonseca, L. M. (1997). Processos utilizados na resolução de problemas por futuros professores de matemática. In D. Fernandes, F. Lester, A. Borralho, & I. Vale (Eds.), *Resolução de problemas na formação inicial de professores de matemática* (pp. 39-70). Aveiro: GIRP.

Guillaume, A.; Yopp, R. e Yopp, H. (2007). *Strategies for Active Teaching.* New Jersey: Pearson.

Hashweh, M. (2005). Teacher pedagogical constructions: a reconfiguration of pedagogical content knowledge. *Teachers and Teaching: theory and practice*; 11(3), 273-292.

Hudson, R. (1992). *Teaching Grammar. A Guide for the National Curriculum*. Oxford: Blackwell.

Hudson, R. (2001). Grammar teaching and writing skills: The research evidence. *Sintax in the Schools*, 17: 1-6.

Hudson, R. (2010). *An Introduction to Word Grammar*. Cambridge: Cambridge University Press.

Martins, C., Menino, H., Rocha, & Pires, M. V. (2002). O trabalho investigativo nas aprendizagens iniciais da matemática. In J. P. Ponte, C. Costa, A. I. Rosendo, E. Maia, N. Figueiredo & A. F. Dionísio (Eds.), *Actividades de investigação na aprendizagem da matemática e na formação de professores* (pp. 59-82). Lisboa: SEM-SPCE.

Pereira, A. (2000). O ensino da gramática e a aprendizagem da escrita. *In Escrever em Português: didácticas e práticas* (pp.271-316). Porto: Edições Asa.

Sá, C. (2012). Transversalidades da língua portuguesa: representações, instrumentos, práticas e formação. *Revista Exedra*. Número Temático: Português. Investigação e Ensino. Coimbra: Escola Superior de Educação, pp.364-372.

Santomé, J. (1998). *Globalização e Interdisciplinaridade: o currículo integrado*. Porto Alegre: Artmed.

Spiegel, A. (2009). *Planificando Clases Interesantes. Itinerarios para combinar recursos didácticos*. Madrid: Editorial CEP.

Capítulo 5

O desenvolvimento da consciência linguística no ensino do português LE. O caso específico da aplicação "Viagem ao mundo das Palavras" [19]

Paula Dinis Rosa
Instituto Camões

Introdução

A introdução das Tecnologias da Informação e Comunicação (TIC) no ensino, permite abordar o processo ensino/aprendizagem de uma língua estrangeira (LE) segundo novas perspetivas, uma vez que permitem uma aprendizagem mais interativa e construtiva.

A generalidade dos grupos de aprendentes de português LE estão constituídos por uma população muito heterogénea, com interesses e motivações muito diferentes, o que obriga à utilização de métodos e técnicas obrigatoriamente diversificados. A motivação dos/as alunos/as e a forma como aprendem

---

[19] Rosa, P. D. (2016). O desenvolvimento da consciência linguística no ensino do português LE. O caso específico da aplicação "Viagem ao mundo das Palavras" In F. Azevedo, M. G. Sardinha, P. Osório e A. Pais (Coord.), *Elementos de Didática da Língua e da Literatura em Contexto Pedagógico* (pp. 91-119). Braga: Centro de Investigação em Estudos da Criança / Instituto de Educação. ISBN: 978-972-8952-40-2.

determinam a organização do trabalho. Partindo deste pressuposto temos de encarar a utilização dos mais diferentes recursos no processo ensino/aprendizagem, e necessariamente o recurso privilegiado que são as TIC, e mais concretamente os suportes multimédia, interativos e muito aceites pelos alunos, dentro e fora da escola, parte de uma revolução digital que está a transformar a vida quotidiana e a educação (Rodríguez, 2003).

Atualmente, a utilização de aplicações multimédia no processo ensino/aprendizagem das línguas é crescente e "com uma aprendizagem baseada no computador torna-se necessário integrar o desenvolvimento tecnológico num contexto mais vasto da comunicação humana de modo a não ser a tecnologia a dominar o indivíduo mas a adaptar-se a ele" (Menezes, 1994:3). Neste âmbito deixamos então de encarar o computador, ou mais concretamente o software educativo, como uma ferramenta de apoio, mas como um instrumento privilegiado para o incremento das competências linguística e comunicativa.

Não podemos deixar de considerar três grandes vertentes inerentes ao paradigma cognitivo no processo ensino/aprendizagem, que são:

a) A exigência imposta aos/às alunos/as para enfrentarem com êxito uma sociedade imersa no universo das TIC;

b) A necessidade de uma educação personalizada e centrada no aprender a aprender;

c) O fomento do autoconceito e da autoestima nos/as alunos/as, respeitando a área afectiva e emocional.

Neste sentido, o processo ensino/aprendizagem está vinculado às diferenças individuais dos/as alunos/as tendo em conta as informações recebidas e a sua disposição ou tendência para utilizarem determinadas estratégias. Visto sob este prisma, o conceito de «aprender» considera o/a aluno/a capaz de auto-regular o seu processo cognitivo durante a aprendizagem, construindo conceitos, organizando e elaborando esquemas, deduzindo, inferindo e resolvendo problemas. Estamos então

92

perante o quadro perfeito para a utilização de recursos multimédia, pela riqueza e diversidade de oportunidades que oferecem, e pelas possibilidades de interacção que permitem. Quando falamos de recursos multimédia referimo-nos de forma geral a instrumentos que combinam textos, imagens e sons, ou seja, que oferecem a possibilidade de obter informação apresentada de forma diversificada e que podem ser controlados pelo/a aluno/a através do computador, respeitando as características de todos os componentes, já que:

> (…) la acción mediada implica un tipo de dialéctica entre los instrumentos mediadores proporcionados por el escenario sociocultural y el uso contextualizado y único de esos instrumentos en acciones concretas y particulares de los individuos. Por ello, la acción en desarrollo depende en parte del agente (dominio de los instrumentos) y en parte de las condiciones en las que se desenvuelve. (De Pablos, 1998:35)

O processo ensino/aprendizagem de uma língua estrangeira

A necessidade de aprender diferentes idiomas é uma preocupação de há muitos anos pois como dizia Goethe "aquele que não conhece nenhuma língua estrangeira não conhece verdadeiramente a sua própria." (escritor e poeta, 1749-1832), citado por Strecht-Ribeiro (1998:51). Nas sociedades actuais, de acordo com uma perspectiva europeísta, é fundamental conhecer pelo menos três idiomas para possibilitar o sucesso individual. Este foi um dos principais objectivos da União Europeia, desejando que todos os europeus conheçam duas línguas para além da sua língua materna (Comissão Europeia, 2004). Esta preocupação surge fundamentalmente devido às profundas transformações económicas, culturais e ideológicas que a nossa sociedade sofreu nas últimas décadas, e que se reflectiram especialmente no contexto educativo. Estas transformações reflectem a profunda mudança da sociedade caracterizando um novo contexto social: a pós-modernidade em que aos valores do progresso, da razão, da ciência e da ordem que definem a modernidade se opõem outros diferentes, próprios da situação pós-moderna: incerteza, insegurança, flexibilidade, relatividade e ambiguidade (Turner, 1990). O mundo pós-moderno tornou-se mais visível nos finais dos anos 60 do Séc. XX, manifestando-se com maior intensidade nos anos 80, arrastando-se até aos nossos dias. As mudanças actuais bem como os modos de vida que a contemporaneidade fez surgir, afastam-nos do *modus vivendi* tradicional tanto em extensividade como em intensidade, provocando alterações científico-tecnológicas, económico-sociais, ético-políticas, culturais e educacionais, características de uma sociedade marcada pela globalização e mobilidade.

No sentido de que todas as transformações sociais se reflectem no sistema educativo, começámos a «tratar por tu» a expressão «Sociedade do Conhecimento», "expressão empresarial dos investimentos racionalmente programados para o mundo globalizado, relativos à informática, telecomunicações... a) ensino a distância; (...) " (Nagel, 2002). Dentro do mesmo contexto também se considera "o conhecimento um recurso flexível, fluido, sempre em expansão e em mudança." (Hargreaves, 2003:34)

As mudanças continuaram de forma acelerada revelando tendências significativas, que podemos sintetizar da seguinte forma (Cabero, 2001 e Marchesi e Martín, 1998):

• Globalização das actividades económicas;

• A internacionalização da economia que subordina as relações sociais, a cultura e os valores dominantes às regras da economia de mercado;

• A globalização da comunicação e da informação com o afastamento dos meios tradicionais;

• O desaparecimento das barreiras entre países, com os consequentes movimentos migratórios que não resiste à atracção de países mais desenvolvidos;

94

• A diversificação do emprego, cabendo à escola preparar os alunos para os desafios/obstáculos que lhes são apresentados.

• O pluralismo ideológico e moral da sociedade, em que se desmoronou o consenso relativo aos valores a serem transmitidos.

Esta situação implica necessariamente esforços e respostas efectivas aos desafios que apelam constantemente à competitividade e à busca de novos caminhos. Aqui entra a importância da aprendizagem das línguas, ferramenta privilegiada para a comunicação entre diferentes parceiros e melhor compreensão das outras culturas.

No âmbito neste artigo não temos o objectivo de apresentar qualquer perspectiva diacrónica de evolução do ensino da língua estrangeira, nem qualquer teoria de aprendizagem que o sustente. No entanto, na actualidade temos de contar com o contributo do Quadro Europeu Comum de Referência para as Línguas, que designaremos por QECR ao longo deste artigo, que nos ajudará a reflectir sobre aspectos e conceitos relacionados com o processo aprendizagem do ensino das línguas estrangeiras, e o que os/as alunos/as terão de fazer para utilizar uma língua para fins de comunicação e quais as competências a adquirir para utilizar a LE de forma correcta e eficaz. Sendo esta uma questão complexa que envolve muitos aspectos, que assenta em princípios complexos e tendo em conta tudo o que foi referido, temos que "Não há, de momento, nenhum consenso forte baseado na investigação que permita que o QECR se apoie numa qualquer teoria de aprendizagem" (Conselho da Europa, 2002:196). O QERC (Conselho da Europa, 2002:29) apresenta-nos uma abordagem

> (...) muito geral, orientada para a acção, na medida em que considera antes de tudo o utilizador e o aprendente de uma língua como actores sociais, que têm de cumprir tarefas (que não estão apenas relacionadas com a língua) em circunstâncias e

ambientes determinados, num domínio de actuação específico

É dado um grande ênfase ao desenvolvimento de competências gerais, como sendo (...) o conjunto de conhecimentos, capacidades e características que permitem a realização de acções" (Conselho da Europa, 2002:29), e especialmente competências comunicativas em língua que "(:..) são aquelas que permitem a um indivíduo agir utilizando especificamente meios linguísticos" (Conselho da Europa, 2002:29). A competência comunicativa em língua é-nos apresentada dividida em três componentes: linguística, sociolinguística e pragmática. De forma muito sintética podemos dizer que a competência linguística "(...) inclui os conhecimentos e as capacidades lexicais, fonológicas e sintácticas, bem como as outras dimensões da língua enquanto sistema, independentemente do valor sociolinguístico da sua variação e das funções pragmáticas e suas realizações" (Conselho da Europa, 2002:34). Ressaltamos também que para além dos conhecimentos de cada sujeito, são fundamentais a organização cognitiva, a assimilação e o acesso aos conhecimentos, dependendo bastante das características culturais da comunidade e do ambiente em que o sujeito fez a sua aprendizagem. Quanto às competências sociolinguísticas, estas "referem-se às condições socioculturais do uso da língua" (Conselho da Europa, 2002:35). Aqui existe especial atenção para as convenções sociais e diferenças culturais. Por último, as competências pragmáticas "(...) dizem respeito ao uso funcional dos recursos linguísticos (produção de funções linguísticas, actos de fala) (...). Diz também respeito ao domínio do discurso, da coesão e da coerência, à identificação de tipos e formas de texto (...)" (Conselho da Europa, 2002:35). Aqui, mais ainda do que na componente linguística, são fundamentais as interacções e o ambiente cultural em que as capacidades são construídas. Por os contextos de comunicação e os ambientes serem tão determinantes para a aprendizagem da língua, e como esta pode ser feita em vários domínios, outro dos grandes contributos do QECR é a distinção de quatro domínios essenciais: privado, público, profissional e educativo.

Entre outros aspectos que poderíamos referir, parece-nos importantes falarmos dos níveis comuns de referência, ou seja os níveis de organização da aprendizagem das línguas, que neste caso apresentam três níveis gerais A, B e C, subdividido cada um deles em dois subníveis, como podemos observar no quadro que se segue:

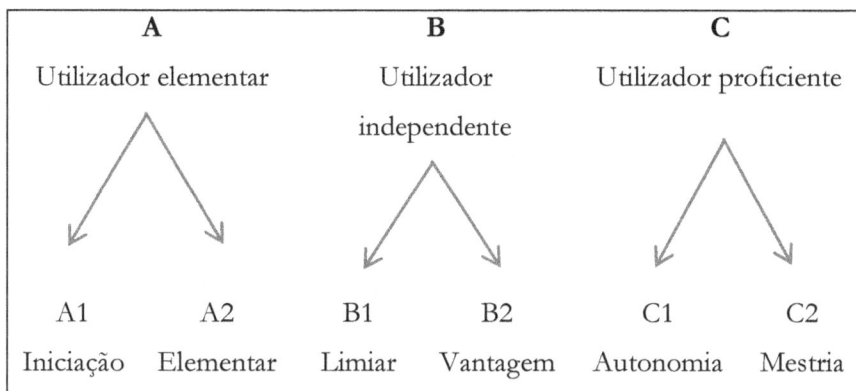

A	B	C
Utilizador elementar	Utilizador independente	Utilizador proficiente

A1	A2	B1	B2	C1	C2
Iniciação	Elementar	Limiar	Vantagem	Autonomia	Mestria

Quadro 1 – Níveis de organização da aprendizagem das línguas
(Conselho da Europa, 2002:48)

Como podemos verificar temos aqui seis níveis: Iniciação (Breakthrough), Elementar (Waystage), Limiar (Threshold), Vantagem (Vantage), Autonomia (Effective Operational Proficiency) e Mestria (Mastery). Para cada um destes níveis o QECR apresenta um conjunto de descritores de desenvolvimento da proficiência, no entanto "É igualmente desejável que os pontos comuns de referência sejam apresentados de modos diferentes para finalidades diferentes (…)" (Conselho da Europa, 2002:48).

O protótipo multimédia que apresentamos é dirigido a um público-alvo situado no nível A – Utilizador Elementar. Os/as alunos/as para os quais desenhamos e realizamos o protótipo iniciaram a aprendizagem do português língua estrangeira anteriormente, por isso, dentro do Nível A, integram-se no subnível A2 – Elementar.

Apesar de que o QECR é uma base de trabalho, tal como nele se refere, também nós não nos apoiaremos numa ou noutra teoria já que "A perspectiva que defendemos para o ensino aprendizagem de uma língua estrangeira é a eclética. Não se constitui como um método por si só. É antes de mais uma tomada de atitude por parte do professor" (Menezes, 1994:30). Em situações de ensino/aprendizagem o papel do professor é determinante, e será ele que perante as características do grupo deve optar por um ou outro método, ou utilizar uma estratégia que reúna contributos de diferentes métodos ou abordagens.

A utilização de aplicações multimédia no processo ensino/aprendizagem

O desenvolvimento tecnológico e as diferentes formas de comunicação trouxeram-nos um novo cenário educativo, que integra as TIC como ferramentas didácticas. Não nos debruçaremos sobre as TIC em geral, por ser um campo muito vasto, visto que estas se referem ao "(...) conjunto de tecnologias que permitem a aquisição, produção, armazenamento, tratamento, transmissão, registo e apresentação de informações, em forma de voz, imagens e dados contidos em sinais de natureza acústica, óptica ou electromagnética. As TIC incluem a electrónica como tecnologia base que suporta o desenvolvimento das telecomunicações, a informática e o audiovisual" (Garcia-Valcárcel, 2003:289). Perante este leque, vamos cingir-nos à multimédia em suporte CD-Rom, e a forma como actualmente se integram este tipo de aplicações no processo ensino/aprendizagem das línguas. Não pretendemos fazer qualquer tipo de avaliação nem dizer se determinada ferramenta é boa ou má porque é o uso que se faz dela que o determina.

Importante é termos consciência que utilizar uma aplicação multimédia no processo ensino/aprendizagem implica uma mudança nas estratégias de aprendizagem e um papel diferente para professores e alunos (Garcia-Valcárcel, 2003). Pensamos que a aposta na aplicação em suporte *CD-Rom*, com recurso obrigatório ao computador, para o ensino do Português LE, tem todas as condições para ser bem sucedida. Por um lado, é já um lugar comum referir que a aprendizagem de uma língua se faz naturalmente e sem esforço no caso das crianças. Embora este não seja um pressuposto inquestionável, partimos do princípio que oferece muitas possibilidades. Se a este pressuposto associarmos o facto de que "as crianças vêem o computador com curiosidade e naturalidade, senão com verdadeiro entusiasmo" (Ponte, 1992:19), qualquer trabalho que conjugue estes dois aspectos será necessariamente produtivo.

No âmbito deste artigo, pretendemos apresentar uma aplicação realizada e destinada à aprendizagem da língua portuguesa, no âmbito do desenvolvimento do vocabulário, para alunos cuja língua materna é o espanhol. A escolha do suporte *CD-Rom* apoia-se fundamentalmente na possibilidade da sua utilização tanto na escola como em casa, independentemente de se ter, ou não, ligação à Internet.

Sobre a utilização de aplicações multimédia, podemos referir a importância e adequação da sua utilização, segundo várias opiniões. Sobre este assunto, e concretamente sobre o ensino/aprendizagem de línguas estrangeiras, verificamos que actualmente existe um permanente contacto entre aquelas e as ferramentas informáticas, uma vez que estas "(…) são capazes de criar espaços multimédia de interacção muito adequados para a aprendizagem de uma língua, (…) capazes de completar processos de ensino/aprendizagem com uma qualidade considerável" (Gómez, 2003:44). Chega-se mesmo a falar em «aprendizagem personalizada» uma vez que o/a aluno/a que utiliza uma aplicação em suporte *CD-Rom*, explora-a livremente e repete os temas quantas as vezes que desejar (Rios e Cebrián, 2000). Os mesmos autores referem ainda que favorece a aprendizagem devido à diversidade de formas como são apresentados os conteúdos, à possibilidade que lhes é dada para interagir e aumenta a motivação devido à utilização de diferentes efeitos visuais e sonoros. Nesta mesma linha, valorizando todos os meios disponibilizados numa aplicação multimédia, podemos referir que "(…) apesar de serem pouco conhecidos os efeitos da aprendizagem por multimédia, pode-se afirmar que se tornou uma área muito propícia para o desenvolvimento de actividades curriculares com os alunos de língua estrangeira" (Mcfarlane, 2001:38).

Realçamos a importância das TIC no ensino e reconhecemos muitas das vantagens da multimédia, razão pela qual apresentamos este protótipo. No entanto, a sua utilização não significa que se ultrapassam todas as dificuldades nem que seja o «remédio» milagroso para o insucesso, pois há muitos factores a ter em linha de conta. Como refere Quintana (2000), nem a multimédia, nem o *CD-Rom* ou a Internet equivalem a qualidade. O valor educativo dos programas ou aplicações reside nas concepções psicopedagógicas a eles inerentes, nos conteúdos que apresentam e no estilo de interacção, entre outros factores.

Pensamos que nos «outros factores» devemos incluir necessariamente o professor, pois é um dos elementos fundamentais do sistema relacional no processo ensino/aprendizagem, e nesse sentido faremos uma abordagem aos desafios que se lhe levantam. É importante reforçar a ideia de que o aluno, o professor e a situação de aprendizagem são primordiais em todo o processo, sendo os dois primeiros os actores principais.

O processo de concepção da aplicação

É ponto assente que o principal objectivo no ensino de uma língua estrangeira é criar condições para que os/as alunos/as aprendam uma língua que não é a sua língua materna. Esta aplicação multimédia em suporte *CD-Rom* destina-se a ser um dos recursos para a aprendizagem da língua portuguesa, no âmbito do desenvolvimento lexical, para alunos cuja língua materna é o espanhol. O termo «recurso» é um dos utilizados quando falamos de meios didácticos utilizados no processo ensino/aprendizagem, podendo também utilizar-se de forma indistinta «recurso didáctico», «meio de ensino», «materiais curriculares», etc. (Blázquez, 2003). Com esta última designação torna-se evidente que o "(…) currículo é o espaço em que os meios didácticos, de qualquer tipo, devem ser pensados, construídos, usados e avaliados" (Blázquez, 2003:21).

A escolha do suporte *CD-Rom* assentou fundamentalmente na possibilidade da sua utilização tanto na escola como em casa, independentemente de se ter, ou não, ligação à Internet. As possibilidades oferecidas pelas tecnologias, e no nosso caso em concreto, quando nos propusemos conceber e produzir um protótipo multimédia, permitem-nos contribuir para "(…) criar novos ambientes e cenários potencialmente significativos para a aprendizagem" (Cabero, 2001:70). Com este trabalho pretendemos ampliar a oferta informativa, que permita a criação de ambientes mais flexíveis para a aprendizagem com a potenciação de cenários interactivos (Cabero, 2001). Estes princípios irão obrigatoriamente implicar mudanças nos modelos de comunicação e no processo ensino/aprendizagem.

Objetivos, tema e conteúdos

Os objetivos que definimos para este protótipo multimédia referem-se às competências que devem ser adquiridas com a sua utilização, com base nos conteúdos a ele subjacentes, dentro das possibilidades oferecidas por um ambiente multimédia. Os objectivos que considerámos fundamentais são:

- Apresentar conteúdos relacionados com o tema.
- Facilitar a aprendizagem dos conteúdos.
- Possibilitar a realização de actividades diversificadas.
- Facilitar a realização de tarefas propostas.
- Alargar o vocabulário aprendido.
- Estimular o desenvolvimento da atenção.
- Facilitar a igualdade de oportunidades no acesso a ambientes multimédia.

Nesta proposta de protótipo apresentamos uma unidade didáctica cujo tema é a *Escola*. Nesta unidade didáctica decidimos trabalhar preferencialmente o vocabulário (aquisição, alargamento e aplicação) e desenvolver a leitura compreensiva. Apresentámos os conteúdos correspondentes, tal como diferentes propostas de actividades práticas de aplicação dos conhecimentos adquiridos.

Para esta unidade os conteúdos a trabalhar foram:

1.   Escola
- Membros da comunidade escolar;
- Dependências do edifício escolar;
- Equipamento e material escolar;
- Actividades realizadas na sala de aula.

Este protótipo multimédia intitulado **Viagem ao Mundo das Palavras**..., cujo tema já referimos, está dividido em três partes:

- **Visita à escola...** (com a apresentação das diferentes partes da escola);

- **Quem encontramos na escola...** (para identificar as diferentes pessoas que exercem cargos ou desempenham funções na escola);

- **Tanto material...** (neste campo podemos ver o diferente equipamento escolar e o material utilizado pelos alunos).

Depois de produzido, o CD-Rom foi validado por especialistas na área.

Organização metodológica da aplicação

Nesta nossa proposta de aplicação multimédia, que pretendemos que seja utilizada como uma ferramenta no processo de ensino/aprendizagem, há a considerar diferentes vertentes. Na prática, de forma a atingir os objectivos propostos, o tema que escolhemos para usar no protótipo foi trabalhado, como já referimos anteriormente, em três subtemas. Em cada um destes subtemas fez-se a apresentação do vocabulário correspondente. Essa apresentação seguiu uma sequência progressiva para facilitar a aprendizagem: apresentação da imagem, depois o som correspondente seguido da sua forma escrita. Em cada um destes subtemas apresentámos um conjunto de actividades práticas, com diferentes graus de dificuldade, que pretendemos que sejam um desafio e uma forma de os/as alunos/as poderem progredir na aprendizagem. Durante o processo os/as alunos/as têm acesso a um suporte de apoio para além do som, que é uma ajuda na realização das actividades práticas, em todos os ecrãs têm acesso ao vocabulário utilizado, com as palavras em português e em espanhol. De forma a facilitar a utilização da aplicação, esta está estruturada de forma a que os/as alunos/as a possam explorar livremente, sem terem de respeitar uma ordem pré-determinada, podendo alterar o rumo a partir de qualquer ecrã e sabendo sempre em que parte se encontram, como veremos no ponto em que falaremos da estrutura de navegação e também da observação do mapa correspondente.

Forma e processo de organização funcional da aplicação
Estrutura de navegação

A estrutura de navegação é um aspecto fundamental para facilitar a relação entre o utilizador e o produto. Neste protótipo encontramos uma estrutura acíclica (Carvalho, 2002).

Segundo a taxonomia de topologias para hiperdocumentos desenvolvida por Parunak (1989) era designada como grafo acíclico (Directed Acyclic Graph), e referida como rede acíclica por Shneiderman (1998). Este tipo de estrutura surge para colmatar uma"(…) situação de compromisso entre a estrutura em árvore e a estrutura em rede"(Carvalho, 2002:252). Sobre este tipo de estrutura de navegação referem Dias, Gomes e Correia (1998:123) que

> A topologia inerente ao Directed Acyclic Graph (DAG) corresponde a uma estrutura em que um nó pode possuir mais do que um ascendente (pai). Possibilita o estabelecimento de ligações em vários sentidos não admitindo, no entanto, a presença de estruturas circulares (loops). (…) esta topologia apresenta um único ponto de entrada, constituindo este o ancestral comum a todos os nós da rede.

A utilização da aplicação faz-se a partir deste ecrã inicial e o utilizador pode aqui fazer a escolha para o seu percurso. A partir deste momento terá sempre a oportunidade de fazer sucessivas escolhas, e alterar o sentido da navegação sempre que for necessário.

Processo de desenho da aplicação
Interface

Numa aplicação multimédia a interface é um aspecto muito importante, uma vez que "(...) é uma mistura dos seus conteúdos multimédia e do seu sistema de navegação" (Ribeiro, 2004: 256).

Com a implementação da interface pretende-se que a interacção entre os/as alunos/as e o material seja agradável, clara e intuitiva. Para isso, no desenho de cada ecrã, é necessário ter em conta vários aspectos tais como a estrutura, as cores utilizadas, imagens, textos, a tipografia (fontes utilizadas nos textos) e as ligações. A ergonomia é importante de modo a que os/as alunos/as se adaptem ao software e se sintam à vontade ao utilizá-lo. Layout

Cores

Em qualquer aplicação onde exista interacção com o utilizador a cor pode ser decisiva para cativar ou para desmotivar, ou seja, para "prender" a atenção do utilizador ou para o fazer desistir. Nesse sentido, convém agora abordar a sua utilização numa aplicação multimédia, questão que requer alguns cuidados e aspectos a ter em conta. Nesta aplicação, atendendo ao público-alvo, a escolha das cores é fundamental. Se para a generalidade dos utilizadores a cor é um factor determinante de interesse, para crianças esse elemento pode ser o principal para criar, ou não, empatia com o produto, principalmente porque "alunos com alta inteligência espacial geralmente são sensíveis à cor" (Armstrong, 2001:79). Neste protótipo não pretendemos sobrecarregar o ecrã com cor mas utilizar contrastes e combinações que resultem agradáveis. Decidimos utilizar três cores sólidas, primárias para o fundo, correspondendo cada uma delas a cada um dos subtemas trabalhados: azul, vermelho e verde. Um dos aspectos muito importantes é a criação de um espaço em branco, cujo conceito "(...) é proporcionar um descanso para a vista, ele é utilizado para criar espaço visual entre e em redor das imagens e do corpo do texto. No fundo, o espaço em branco emoldura e chama a atenção para o conteúdo" (Milhollon e Castrina, 2003:83). As imagens, as actividades e os pequenos textos inserem-se nestes espaços, fornecendo um contraste forte que torna mais fácil a visualização.

Texto

Neste campo podemos dizer que há uma regra de ouro: "Muita informação e pouco texto (concisão)" (Seara.com, s/d). É muito importante que qualquer texto apresentado, para além de conciso, esteja bem estruturado e seja fácil de ler. Este último aspecto pode ser facilitado pela escolha das fontes, tal como veremos no ponto seguinte. Tendo em conta as recomendações da organização Ciberlíngua (s/d) devemos ter em consideração várias recomendações para a correcta utilização dos textos, tais como:

- Devem ter uma apresentação discreta, sem exageros – Neste protótipo não apresentamos textos extensos. As frases e palavras são apresentadas de forma discreta já que é utilizada uma fonte de fácil leitura;

- O conteúdo deve ser directo e concreto – O conteúdo transmite de forma concisa, directa e clara o que se pretende sem dar lugar a interpretações ambíguas;

- Apresentar títulos em cada ecrã, claros e sem ambiguidades, para facilitar a localização – Em cada ecrã apresentamos o título referente ao conteúdo do ecrã;

- Utilizar fonte negra sobre fundo branco ou num tom claro – Os conteúdos ou indicações são apresentadas em cor preta sobre fundo branco.

Neste protótipo não apresentamos muito texto, no entanto tivemos em conta estas recomendações de forma a que o texto apresentado seja acessível aos alunos a quem se destina.

Tipografia (fontes)

Nesta aplicação utilizamos a fonte Verdana, de fácil leitura, factor muito importante para quando o público alvo são crianças. Esta fonte "(...) é uma boa alternativa porque é legível em tamanhos pequenos e em ecrãs de pouca resolução" (Seara.com, s/d). Para os títulos utilizámos também a fonte Times New Roman. Utilizámos estes dois tipos de letras, no entanto optámos por " (...) Criar títulos e cabeçalhos gráficos para ter um maior efeito (...)" (Milhollon e Castrina, 2003:35). Assim como também recorremos a uma diferente "(...) formatação de tipo de letra (como o negrito ou o itálico) de forma sensata, para chamar a atenção para palavras e conceitos importantes" (Millhollon e Castrina, 2003:35). Estes últimos aspetos podem ser apreciados no *banner* superior, tal como podemos ver na imagem seguinte.

Figura 1 – *Banner* superior – Visita à Escola...

Imagens

A utilização de imagens neste protótipo tem a ver com a faixa etária do público-alvo e também porque a informação textual recorda-se melhor quando acompanhada de imagens. Este efeito explica-se recorrendo à Teoria da Codificação Dual de Paivio (1986), segundo o qual o sistema cognitivo humano inclui um sistema verbal e um sistema de imagens. Normalmente as palavras e frases são processadas pelo sistema verbal, enquanto que as imagens são processadas pelos dois sistemas. Deste modo a inclusão de imagens associadas a palavras, frases ou textos, facilita a compreensão, vantagem do código dual, conduzindo a representações mentais múltiplas.

As imagens são escolhidas de acordo com os conteúdos a transmitir de forma a facilitar a sua aprendizagem. Podemos então referir que a imagem gráfica é "(...) um dos formatos de representação da informação privilegiados para estabelecer o diálogo entre o aluno e a informação, até porque vivemos numa época em que a imagem impera. As situações de aprendizagem que se podem gerar complementadas com o recurso ao discurso gráfico terão, por certo, resultados compensatórios" (Lacerda e Machado, 1996).

Esta aplicação privilegia o uso da imagem gráfica, mais concretamente desenhos. Nesta faixa etária pensamos que os desenhos são muito úteis para a compreensão, além de que uma das principais funções da imagem como ferramenta de comunicação é funcionar como referência concreta ao significado. É necessário ter alguns factores em atenção, uma vez que "(...) nem todas as imagens podem ser utilizadas (...). A resolução das imagens deve ser de 72 dpi e os formatos aceites são o .gif, .jpeg e .png." (Gonçalves, 2003:12). No caso desta aplicação utilizamos as imagens em formato jpeg (Joint Photografhic Experts Group), formato que utiliza uma visualização de qualidade fotográfica (Lynch y Horton apud Lima e Capitão, 2003).

Os desenhos que utilizamos são da autoria do ilustrador Carlos Gallego e foram feitos para o material bilingue AMIGOS, utilizado em Espanha nas escolas onde está implementado o Programa de Língua e Cultura Portuguesas.

Som

Numa aplicação multimédia o som tem funções muito importantes. Serve não só como elemento motivador, mas também para atribuir mais realismo à situação de aprendizagem. O som é sem dúvida uma mais-valia quando usado como complemento da informação apresentada no ecrã. No caso concreto deste protótipo de aplicação, o som apresentado, em formato MP3, tem exactamente uma função de complemento sem o qual não se poderiam atingir os objectivos definidos. Tratando-se do ensino/aprendizagem de uma língua estrangeira, o som é fundamental para que os alunos tenham contacto com a língua que estão a aprender. No nosso caso utilizámos uma voz, também de criança, facto que motiva mais os/as alunos/as e os/as faz apreciar o que ouvem pela proximidade que se cria devido ao factor idade. Também é muito importante que antes de escrever os alunos tenham oportunidade de ouvir as palavras correctamente. Neste protótipo dedicámos especial atenção a este aspecto, como podemos verificar nos ecrãs que introduzem os três subtemas: o/a aluno/a seleciona a imagem que pretende visualizar, ouve o som correspondente e lê a palavra escrita. De forma complementar a este aspecto o som, nesta aplicação, tem também a função de ajuda, de complemento da informação apresentada no ecrã (Nielsen, 2000). Sobre este aspeto Boyle (1997) faz algumas recomendações das quais há que dar especial atenção à que refere que a integração de voz em ambientes multimédia se deve fazer de forma integrada e complementar ao texto, como verificamos neste protótipo.

Storyboards

Passamos a apresentar o storyboard dos diferentes ecrãs tipo. No primeiro ecrã apresentamos o título e os três subtemas que integram o protótipo. A partir do ecrã inicial temos acesso a cada um dos subtemas. A escolha fica ao critério do utilizador, e tal como já referimos, pode, em qualquer momento, alterar a escolha inicial.

Já neste momento os/as alunos/as podem associar as escolhas a três cores diferentes, tal como podemos ver na imagem seguinte.

Viagem ao Mundo das Palavras

Figura 2 – Ecrã inicial

Começamos pelo ecrã de apresentação de "Visita à escola...", no qual, tal como nos ecrãs das actividades relacionadas com ele, utilizamos o fundo azul.

Neste ecrã é apresentado o vocabulário referente às diferentes partes da escola. O/a aluno/a selecciona livremente uma das imagens pequenas e então pode observá-la, ouvir o nome e ler a palavra correspondente.

Convém frisar que tanto as imagens como os textos são apresentados em fundo branco de forma a criar um contraste elevado (Nielsen, 2000).

Figura 3 – Ecrã: Visita à Escola

Em todos os ecrãs (à excepção do ecrã inicial) encontramos um *banner*, superior, que tem a função de menu sempre presente para facilitar a navegação e que contém o título da aplicação e os títulos dos três diferentes subtemas. Como já referimos são usadas três cores associadas a cada um dos subtemas pelo que, para cada um deles, encontramos uma cor de fundo diferentes. No exemplo que apresentamos o *banner* aparece com fundo verde.

Figura 4 - *Banner* superior – Material Escolar

Também, encontramos um *banner* inferior onde aparecem as oito actividades que os alunos podem seleccionar e onde também têm acesso ao vocabulário, tal como podemos observar.

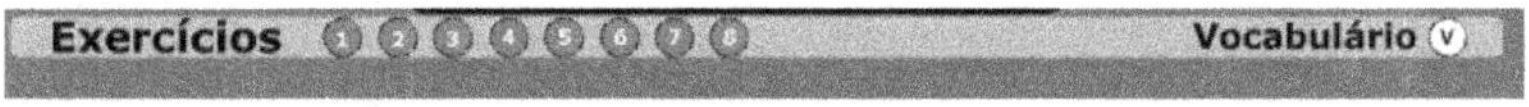

Figura 5 - *Banner* inferior

O ecrã referente ao vocabulário apresenta, na parte superior, o abecedário para que o/a aluno/a possa seleccionar a entrada, como podemos ver seguidamente.

A · B · C · D · E · F · G · H · I · J · K · L · M · N · O · P · Q · R · S · T · U · V · X · Z

A afiadeira - sacapuntas.
ajudar - ayudar.
ajudam – ayudan.
aluno/a - alumno/a.
aprender - aprender, adquirir conocimientos estudiando.
aprendemos - aprendemos.
armário - armario.
arrasta – arrastra.
arrastar – arrastrar.
arrumada - arreglada, recogida.
aula - aula, clase.
auxiliar de acção educativa - conserje.
avaliação – evaluación.

∧

B balde - balde, cubo.
bem - bien.
biblioteca - biblioteca.
bola - pelota, balón.

Figura 6 - Ecrã referente ao Vocabulário.

Utilizamos o mesmo procedimento para os ecrãs referentes à apresentação do vocabulário nos outros dois subtemas. Tal como podemos ver, em «Quem encontramos na escola...» o fundo é vermelho, mas pudemos observar no exemplo azul (Visita à Escola...) as barras inferior e superior mantêm a sua apresentação, localização e modo de funcionamento. Verificamos o mesmo no exemplo verde (Material Escolar...).

Figura 7 – Ecrã: Quem Encontramos na Escola…

De igual modo podemos ver o ecrã referente ao «Material escolar…», com fundo verde

Figura 8 - Ecrã: Material Escolar…

Como se verifica, em cada um dos subtemas os/as alunos/as podem realizar oito atividades diferentes quanto ao tipo e exigência na sua realização. As actividades são de diferentes tipos:

1. Associação texto (palavra)/ imagem;
2. Escolha múltipla;
3. Texto com lacunas;
4. Associação de frases/ imagens;
5. Escrita de palavras;

Nas actividades com nível de dificuldade mais baixo, os alunos devem observar três imagens, ler as palavras correspondentes e associá-las de forma correcta, como se vê no exemplo da figura 9.

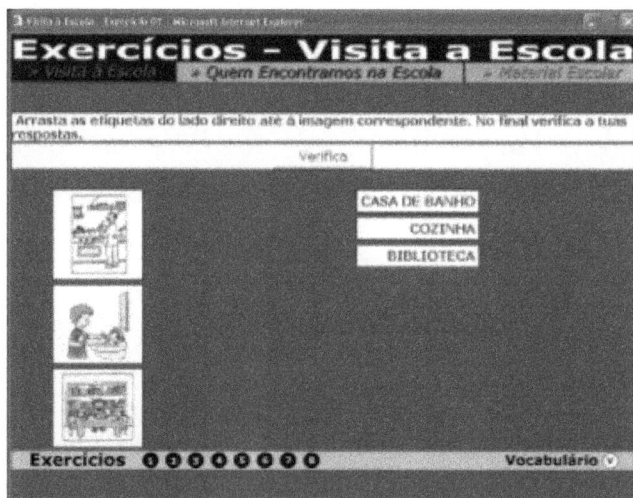

Figura 9 - Atividade: associação de texto com imagem

Outro tipo de actividade é o de respostas de escolha múltipla. Aqui, tal como mostramos na figura 10, os alunos têm de ler atentamente as perguntas e escolher a resposta correcta.

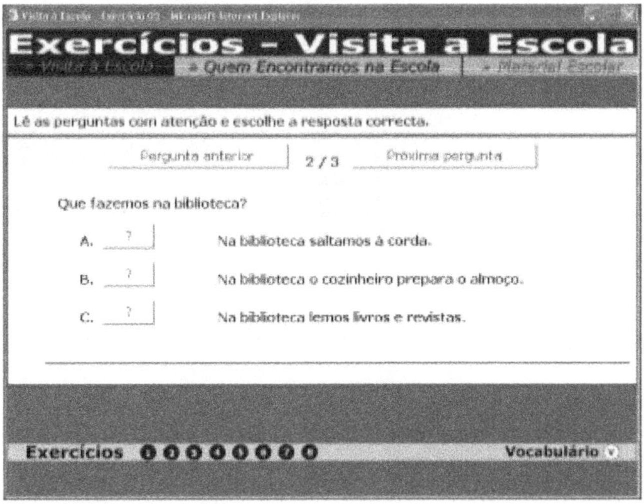

Figura 10 - Atividade: escolha múltipla

Completar um texto com lacunas é outra das actividades propostas. No texto da figura 11 são apresentadas as possíveis palavras para preencher cada uma das lacunas. Os/as alunos/as deverão seleccionar a palavra correcta.

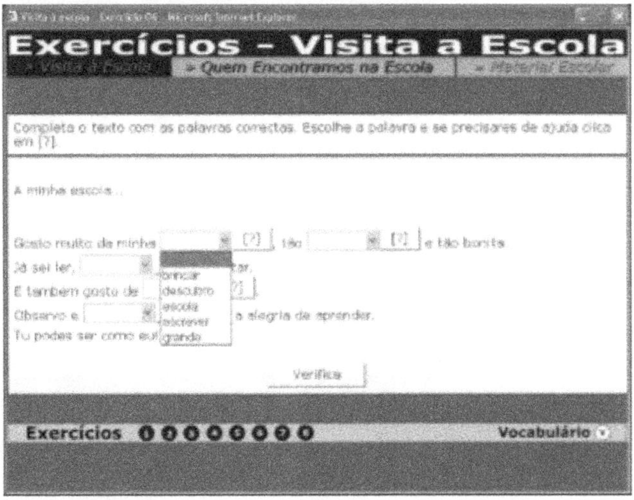

Figura 11 - Actividade: texto com lacunas

Outro tipo de atividade é a escolha da frase correcta para uma imagem apresentada. Como podemos ver na figura 13 são apresentadas as frases e o/a aluno/a escolhe a correspondente à imagem.

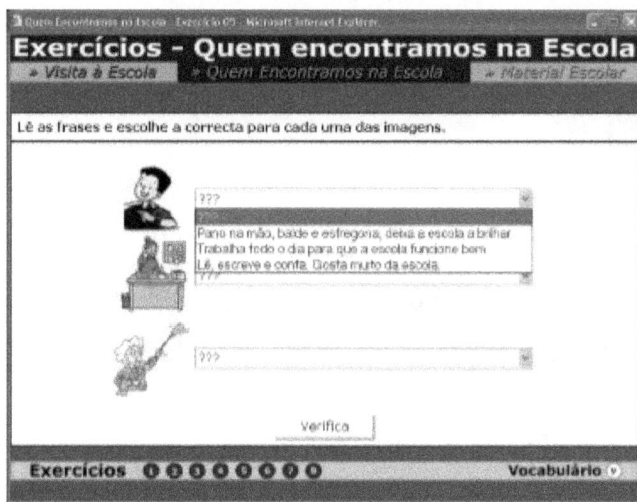

Figura 12 – Atividade: relação imagem/frase

O último tipo de actividade apresentado tem a ver com a escrita de palavras. A partir de uma imagem o/a aluno/a deve escrever a palavra correcta, como podemos ver no exemplo da figura 13.

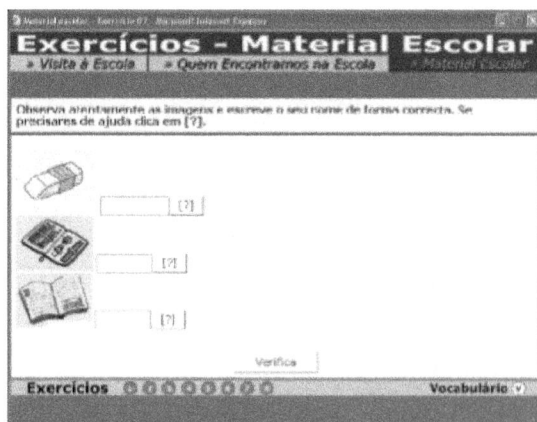

Figura 13 - Atividade: escrita de palavras

Conclusão

Tem-se verificado que nos últimos anos a utilização de aplicações multimédia no processo ensino/aprendizagem de línguas estrangeiras tem aumentado, permitindo aos/ás alunos/as criar um espaço de construção do conhecimento em ambiente multimédia, em que as suas raízes assentam nos princípios teóricos do construtivismo e do sócio construtivismo. Podemos acrescentar que as aplicações multimédia, quando desenvolvidas de acordo com os métodos e estratégias do ensino/aprendizagem, são instrumentos pedagógico-didácticos bastante motivadores e facilitadores da aprendizagem.

Actualmente, os/as alunos/as são cada vez mais exigentes em termos dos recursos utilizados já que todos os dias contactam com um sem número de produtos bastante atrativos, tanto na escola como fora dela. Isso faz-nos sentir a necessidade de utilizar vários media na aprendizagem, pelo que a produção do protótipo foi uma forma de transmitirmos conteúdos e facilitarmos a aprendizagem dos/as nossos/as alunos/as com a utilização simultânea de vários meios, já que este inclui texto, imagens e som.

Esta e outas aplicações multimédia poderão ser ótimos instrumentos de trabalho facilitadores do processo ensino/aprendizagem, mas o sucesso educativo não está garantido por se utilizar uma aplicação multimédia. O processo ensino/aprendizagem é mais do que simples instrumentos; o seu grande potencial reside no bom uso que deles se faz e na capacidade de resposta aos desafios cada vez mais exigentes da nossa sociedade.

Referências
Armstrong, T. (2001). *Inteligências múltiplas na sala de aula.* (2ª ed.). Porto Alegre: Artmed Editora.

Blázquez, F. (2003). Los nuevos medios tecnológicos en los centros educativos. In F. Blázquez. *Las nuevas tecnologías en los centros educativos* (pp.17-32). Mérida: Junta de Extremadura.

Boyle, T. (1997). *Design for Multimédia Learning*. London: Prentice-Hall

Carvalho, A. (2002). Multimédia: um conceito em evolução. *Revista Portuguesa de Educação*, 15(1), 245-268.

Cabero, J. (2001). La sociedad de la información y el conocimiento, transformaciones tecnológicas y sus repercusiones en la educación. In Blázquez, F. *Sociedad de la Información y Educación* (pp. 63-90). Mérida: Junta de Extremadura.

Conselho da Europa (2002). *Quadro europeu comum de referência para as línguas. Aprendizagem, ensino, avaliação*. Porto: ASA.

De Pablos, J. e Jiménez Segura, J. (1998). *Nuevas Tecnologías, Comunicación Audiovisual y Educación*. Barcelona: Cedecs Editorial.

García-Valcárcel, A. (2003). *Tecnología educativa: Implicaciones educativas del desarrollo tecnológico*. Madrid: Editorial la Muralla.

Gómez, J. (2003). Escenarios didácticos: los medios y las nuevas tecnologías en los procesos de enseñanza-aprendizaje. In F. Blázquez. *Las nuevas tecnologías en los centros educativos* (pp. 33-58). Mérida: Junta de Extremadura.

Gonçalves, A. (2003). *O guia prático do Macromedia Dreamweaver MX*. Lisboa: Centro Atlântico.

Hargreaves, A. (2003). *O ensino na sociedade do conhecimento. A educação na era da insegurança*. Porto: Porto Editora.

Mcfarlane, A. (2001). *El aprendizaje y las tecnologías de la información: experiencias, promesas, posibilidades*. Madrid: Santillana.

Marchesi, A. e Martín, E. (1998). *Calidad de la enseñanza en tiempos de cambio*. Madrid: Alianza Editorial.

Menezes, M. H. (1994). *Contributo para o desenho e implementação de materiais para o ensino do Português – Língua estrangeira.* Tese de Mestrado. Braga: Instituto de Educação e Psicologia. Universidade do Minho.

Milhollon, M. e Castrina, J. (2003). *Aprender Mais Criação de Páginas Web*. Lisboa: Editora McGraw-Hill de Portugal.

Nagel, L. H. (2002). *A Sociedade do Conhecimento no Conhecimento dos Educadores.* Barcelona: Cedecs. Disponível em http://www.uem.br/~urutagua/04edu_lizia.htm

Nielsen, J. (2000). *Designing Web Usability: The Practice of Simplicity*. New York: New Riders Publishing.

Paivio, A. (1986). *Mental representations: A dual coding approach.* Oxford: Oxford University Press.

Quintana, J. (2000). Materiales multimedia para la educación. Criterios de selección. *Revista Pedagógica Maestros*, 15-16(6), 66-69.

Ríos, J. M. e Cebrián, M. (1999). *Nuevas Tecnologías de la Información y la Comunicación aplicadas a la Educación.* Málaga: Ediciones Aljibe.

Ribeiro, N. (2004). *Multimédia e Tecnologias Interactivas.* Lisboa: FCA-Editora de Informática.

Rodriguez, J. L. (2003). Nuevas tecnologías en la enseñanza de las lenguas. *Cuadernos de Pedagogía*, 330, 91-93.

Shneiderman, B. (1998). *Designing the User Interface: Strategies for Effective Human Computer Interaction*. Reading, MA: Addison-Wesley.

Strecht-Ribeiro, O. (1998). *Línguas Estrangeiras no 1º Ciclo: razões, finalidades, estratégias*. Lisboa: Livros Horizonte.

Turner, B. S. (1990). *Theories of Modernity and Posmodernity*. Londres: Sage.

Capítulo 6

Desenvolvimento de competências no 2º Ciclo do Ensino Básico:
proposta para um plano de aula [20]

Maria da Graça Sardinha
Paulo Osório
Universidade da Beira Interior
João Machado
Instituto Politécnico de Castelo Branco

Introdução

O estudo da língua materna privilegia o desenvolvimento
de diferentes competências na área da comunicação, da
compreensão e da expressão. Pela importância que assume, por
ser palco de aquisição de saberes (inter)transdisciplinares, a
disciplina de Português faculta aos sujeitos (aprendentes)
momentos de reflexão e de treino para um eficaz entendimento
do funcionamento da língua materna, podendo proporcionar,
ainda, a partilha e o raciocínio sobre experiências de vida. Assim
sendo, a escolha do texto e respetiva exploração no contexto

[20] Sardinha, M. G.; Osório, P. e Machado, J. (2016). Desenvolvimento de
competências no 2º Ciclo do Ensino Básico: proposta para um plano de aula.
In F. Azevedo, M. G. Sardinha, P. Osório e A. Pais (Coord.), *Elementos de
Didática da Língua e da Literatura em Contexto Pedagógico* (pp. 121-133).
Braga: Centro de Investigação em Estudos da Criança / Instituto de Educação.
ISBN: 978-972-8952-40-2.

pedagógico deve ser entendida como um ato comunicativo e enunciativo, em torno de constante reflexão das experiências de vida dos aprendentes.

A proposta que se apresenta destina-se ao 6º ano de escolaridade, pois, segundo Piaget & Inhelder (1982)[21], nesta faixa etária, os sujeitos encontram-se no chamado Estádio da Operações Concretas, sendo detentores de um humor mais sofisticado e de um conhecimento do mundo diferente do período anterior, em que apenas imperavam o pensamento mágico e a fantasia. Igualmente, neste estádio, o sujeito apreende e vive intensamente toda a proximidade envolvente, alheando-se quase sempre de universos mais longínquos, ou seja, à medida que o universo se torna mais próximo e familiar, mais intensamente ela o vive porque nele se reconhece. Cabe, assim, à escola proporcionar verdadeiros ambientes de aprendizagem onde se estabeleçam relações que transportem os sujeitos do mais próximo ao mais longínquo, e vice-versa.

Neste enquadramento, é nosso objetivo primeiro a formação de leitores e escreventes, cujas competências leitoras e de escrita tentamos desenvolver na planificação apresentada, sustentada nos seguintes parâmetros: promoção da interação e partilha de saberes; ajuda na construção da personalidade; promoção e desenvolvimento do espírito crítico; promoção do sentido ético e estético; formação para a cidadania ativa.

---

[21] Na obra *Psicologia da criança* (1982), Piaget e Inhelder defendem que, nesta idade, as crianças, para além da primeira literatura fantástica, devem contactar com textos de histórias reais, biografias, explorações de acontecimentos noutros países, que mantenham equilíbrio entre diálogo e ação. Igualmente, as descrições devem ser rápidas, o argumento claro e os problemas devem ter solução.

Competências (em língua)

Quando falamos em competências, entramos num emaranhado de conceitos e teorias, ou seja, de domínios, que incluem a transversalidade das mesmas, o que significa que todas dependem umas das outras. Tratando-se de um estudo baseado numa planificação para o 2º Ciclo, importante cenário de aprendizagens de escrita e leitura, bem como do desenvolvimento da oralidade, cabe-nos tentar, com base em vários estudiosos, desconstruir o conceito.

Se remontarmos às teorias linguísticas, mesmo que num contexto que não diz respeito ao ambiente pedagógico, Chomsky (1965: 4) referiu que *competência* "É o conhecimento que o falante/ouvinte ideal tem da sua língua". Aquela representa, assim, o conhecimento das estruturas e regras da língua que permite o seu uso real em situações concretas, não havendo, para o autor, qualquer preocupação com a sua função social. Aliás, como sabemos, Chomsky tem uma visão inatista da linguagem, tendo, contudo, colocado uma das tónicas da sua teoria na desconstrução do binómio *competence/performance*. Este afastamento da visão social da linguagem foi, de algum modo, ultrapassado por Hymes (1979), com a junção da dimensão social à competência linguística, integrando uma dimensão antropológica.

Num contexto epistemológico menos linguístico, mas mais interdisciplinar, em Lídia Valadares (2003:19), encontramos uma desconstrução sobre o conceito de *competência* que passamos a apresentar: uma estranha, mas desafiante sedução, pela constatação da sua evolução, do simples somatório dos saberes, saber agir e reagir face a uma situação complexa. A autora, recorrendo a Le Boterf (1994), defende que o conceito de competência envolve um *saber mobilizar*; um *saber combinar*; um *saber agir e reagir*; um *saber transferir*; um *saber valorizar*.

Recuando no tempo, apoiamo-nos em Canale & Swain (1980:1), quando distinguem quatro competências: (i) competência gramatical: que implica o domínio do código linguístico, a habilidade em reconhecer as características linguísticas da língua e saber usá-las para formar palavras e frases; (ii) competência sociolinguística: inclui o conhecimento das regras sociais que orientam o uso da língua, a compreensão do contexto social no qual a língua é usada; (iii) competência discursiva: refere-se à ligação de uma série de orações e frases com o objectivo de formar um todo significativo. Este conhecimento tem de ser partilhado pelo falante/escritor e ouvinte/leitor; (iv) competência estratégica: constatando que a competência comunicativa é relativa, é necessário o uso de estratégias de «improvisação» para reparar qualquer falha no conhecimento de regras. Estes autores mesclam competências do foro linguístico com competências de natureza social.

Num plano pedagógico, poder-se-á afirmar que as competências essenciais do currículo pressupõem que todas as áreas curriculares devem atuar em convergência, na formação de leitores do mundo. Ora, tais aspetos implicam que o professor seja um mediador atento. Tendo em conta as palavras de Roldão (2003:20), "Existe competência (ou competências) quando, perante uma situação, se é capaz de mobilizar adequadamente diversos conhecimentos prévios, seleccioná-los e integrá-los adequadamente perante aquela situação (ou problema, ou questão, ou objeto cognitivo ou estético, etc.)."

Competência é, deste modo, um termo polissémico que tanto aponta para visões epistémicas mais linguísticas, como para construtos epistemológicos do domínio da Educação. Claramente que, neste texto, convocamos uns e outros, uma vez que pretendemos encetar uma promoção do saber linguístico em exercício de aprendentes do 2º ciclo do Ensino Básico, corporizando-se tais saberes através de um plano de aula.

Planificação

Descritores de desempenho

> Identificar tema ou assunto do texto
> Distinguir os subtemas do texto, relacionando-os
> Propor e discutir diferentes interpretações[22]
> Escrever com correção ortográfica e de pontuação
> Escrever em termos pessoais e criativos
> Integrar as palavras nas classes a que pertencem

Passos na interpretação

Assim sendo, através do texto apresentado na aula, propomo-nos:
> Identificar personagens
> Identificar ações das personagens
> Identificar reações das personagens
> Identificar atitudes das personagens
> Identificar sentimentos das personagens
> Dar sinónimos de palavras e expressões
> Localizar a ação no espaço
> Localizar a ação no tempo
> Caracterizar física e psicologicamente as personagens
> Identificar graus dos nomes
> Identificar tipos de frases
> Identificar classes gramaticais
> Resumir uma história

---

[22] Adaptado das Metas Curriculares para o 6º ano de Escolaridade. Ver http://www.dge.mec.pt/sites/default/files/Basico/Metas/Portugues/pmcpeb_julho_2015.pdf

> Estabelecer relações com outras histórias
> Emitir opiniões
> Exercitar a expressão escrita
> Produzir um texto escrito

Plano de aula: justificação

Para que se registe desenvolvimento das competências anteriormente enunciadas em contexto de ensino-aprendizagem, exigem-se mediadores atentos, capazes de desenvolver *práticas transformadas*, fazendo igualmente uso do *ensino explícito*[23], por sua vez assente em alguns modelos que permitam, não só a polissemia da palavra, mas também que se abram em questões sobre a sociedade: modelos assentes no desenvolvimento da linguagem, nos sistemas semióticos (primários) promotores da literacia, bem como do conhecimento do mundo e do meio envolvente.

Para este momento de aula, selecionámos o texto *Lendo o jornal*, de Eça de Queirós, tendo por base uma unidade didática como instrumento e elemento regulador.[24] É nossa preocupação, ainda, proceder a um programa de leitura, baseado no *Literature based reading program*.[25]

---

[23] A título de exemplo, explicamos alguns procedimentos de ensino explícito: (i) explicar que vai ser realizado um determinado tipo de actividade; (ii) mostrar slides (ou outros materiais) por forma a ativar conhecimentos relacionados com a actividade.

[24] Pais (2013: 74) refere que, do ponto de vista técnico-didático, uma unidade didática se caracteriza por
"- Ser a base motivacional, preparando a atenção do aluno: - Permitir a ativação do conhecimento prévio e a verificação dos pré-requisitos subjacentes a uma determinada aprendizagem; - Estimular a comunicação multilateral; - Desencadear a coerência temática e a coesão metodológica no interior dos percursos de ensino e aprendizagem e da própria Unidade."

[25] Este programa desaconselha a exploração do texto pelo texto.

126

Unidade Didática

Tema integrador: o conhecimento do mundo
Elemento integrador: o jornal

Ensino explícito

Antes do início da aula, o professor explica que vai ser realizada uma atividade relacionada com a importância das notícias no nosso dia a dia, bem como do modo como nos são transmitidas. Entretanto, vai distribuindo alguns jornais pela sala de aula, para que os alunos os vão manuseando.[26]

O professor pergunta aos alunos:
- se têm por hábito estar atentos às notícias;
- que tipo de notícias os interessam mais;
- se têm por hábito ler o jornal;
- que jornais conhecem.

Em seguida, pede a alguns alunos para contarem notícias que ultimamente mais lhes chamaram a atenção:

---

[26] Recorremos ao conceito de pré-leitura do texto (Yopp & Yopp, 2001), visando um ambiente mais democrático, onde os aprendentes têm oportunidade de adivinhação acerca do conteúdo do texto, ativando os seus esquemas mentais e os seus próprios conhecimentos. Estes procedimentos permitem respostas pessoais, pelas experiências e vivências de cada um. O aluno faz previsões, constrói imagens mentais, estabelece ligações entre os conhecimentos do presente e do passado. Exemplos: pensar na leitura dos jornais, revistas, livros e das relações estabelecidas, quer na escola, quer na própria família. Na mesma obra, Yopp e Yopp apontam a importância da pré-leitura de qualquer obra, antes de se iniciar a leitura da mesma, como já afirmámos. Este tipo de atividade pode ser apelidado de *Book Talk*.

> *- Imaginem agora que liam duas notícias no jornal: uma em que se contava um acidente de viação envolvendo duas viaturas e de que teriam resultado cinco feridos graves; outra em que, no descarrilamento de um comboio, teriam morrido sete pessoas e ficado feridas vinte e sete. Qual destas notícias vos chocaria mais? Porquê?*

Enquanto distribui as cópias do texto *Lendo o jornal*, de Eça de Queirós, e a cópia do diagrama, o professor dirá aos alunos:

- Nesta história, as personagens assistem à leitura de um jornal. Como reagirão elas ao ouvirem as notícias? É o que vamos ver...

Leitura do texto pelo professor, seguindo os alunos em silêncio.

Questões: [27]
- *Onde se passa a história de que nos fala o texto?*
- *Quem são as personagens desta história?*
- *A sala é caraterizada por um adjetivo. Qual?*
- *Qual o substantivo que corresponde a "aconchegada"?*
- *Na frase, "Para passarem o serão", aparece algum nome? Qual?*
- *A que outra classe gramatical pode pertencer essa mesma palavra?*

---

[27] Durante a fase da leitura, as atividades realizadas de suporte à exploração do texto foram as seguintes: "Os mapas de emoções" ("Feelings Charts", na expressão de Yopp & Yopp, 2001: 87); "Ten Important Words" (Yopp & Yopp, 2001: 90) ou "Senhor do Essencial"; "Graphic Organizers" (Yopp & Yopp, 2001: 73) ou "Diagramas". Todas estas atividades possibilitam ao aluno um profundo conhecimento do texto lido.

- *Produzam uma frase em que "serão" apareça como verbo.*
- *Vimos que as personagens estavam reunidas na sala para passarem o serão. Em que momento do dia se passa a ação? Justifica com o texto.*
- *De acordo com a informação do texto, como estava o tempo nessa noite?*
- *Para onde davam as janelas?*
- *O que havia nesse jardim?*
- *Através de que sentidos as personagens se apercebiam do que havia no jardim? Justifica com o texto.*
- *Em que estação do ano se passa a história? Documenta com o texto.*
- *Que faziam as personagens neste "tépido serão de maio"?**
- *Retira do texto expressões que caraterizem fisicamente a senhora que lia o jornal.*
- *Que fazia lembrar a luz ao bater no cabelo louro da leitora? Documenta com o texto.*
- *Refere o local onde ocorreu o facto de que fala a primeira notícia lida.**
- *Em que continente se situa a ilha de Java?*
- *Olhando para o mapa do diagrama, esta ilha fica perto ou longe de Portugal? Documenta a tua resposta com uma frase do texto.*
- *Que acontecimento é relatado na primeira notícia? Documenta com o texto.**
- *Qual a reação das personagens ao ouvirem esta notícia? Prova com o texto.**
- *No jornal que a senhora leu, havia notícias de outros países. Diz quais.**
- *Estes países fazem parte de que continente?*
- *Que factos ocorreram na Hungria e na Bélgica?**
- *Estes desastres tiveram as mesmas causas? Justifica com o texto.*

- Houve comentários a estas notícias? Diz quais foram para cada uma delas, de acordo com o texto.

- Então, que sentimentos mostraram as pessoas perante estes dois acontecimentos?*

- Que desastre tinha acontecido em França?*

- Como reagiram as personagens ao ouvirem esta notícia? Retira do texto expressões que demonstrem essas reações.

- Durante a leitura destas notícias, como se manteve psicologicamente a senhora que as lia?

- Esse seu estado de calma manteve-se todo o serão? Justifica com o texto.

- Que tipo de frase é esta?

- Retira do texto outros exemplos de frases exclamativas.

- Porque gritou a leitora?

- O que dizia essa notícia?*

- Todos reagiram à notícia? Documenta com o texto.

- Que sentimentos despertou essa notícia nas personagens?*

- Através de que atitudes se manifestaram esses sentimentos?

- Que decisão tomaram?

- Em que grau se encontra o nome Luisinha?

- Que nos indica aqui o emprego do diminutivo aplicado a esta pessoa?

- De todas as notícias que a senhora leu, qual é para ti a mais trágica? Porquê?

- E para as personagens, qual foi?

- Qual foi a evolução (transformação) dos sentimentos das personagens em relação às diversas catástrofes lidas no jornal?

- Que relação podemos estabelecer entre a evolução dos sentimentos das personagens e a distância a que as calamidades (catástrofes) aconteceram?

- Que podemos concluir acerca da reação das pessoas em relação às notícias que leem/ouvem?*

- Quem nos contou a história que acabámos de ler, de onde retirámos esta conclusão?
- Como é que o narrador soube do que se tinha passado naquele serão?
- O narrador conta a história no momento em que ela se passa? Prova com o texto.

Leitura do texto pelos alunos.
* Registo das respostas dos alunos no diagrama distribuído no início da aula

Pós-leitura
Dando sequência ao programa de leitura fundamentado na literatura, procede-se a um conjunto de atividades que alicerça a pós-leitura do texto (Yopp e Yopp, 2006).[28]
- Chuva de palavras[29]:
Para o efeito, a partir da palavra JORNAL, propõe-se uma "chuva de palavras", em que se preencherão quatro colunas a partir de classes de palavras, procedendo-se à análise gramatical das mesmas.

Produção de texto
A partir desta "chuva de palavras", o professor desafia cada aluno a escrever um texto: "Do meu mundo, vejo…".
Leitura
Leitura dos textos pelos alunos.

---

[28] As atividades integradas na pós-leitura ajudam o aluno a monitorizar o essencial, a desenvolver a capacidade de síntese, a apreender o sentido global do texto e a distinguir as diversas teias que o compõem.

[29] Didáticas não convencionais encontradas em Ferrão Tavares (2007).

Considerações finais

Na proposta de ideias apresentadas, conducentes a uma planificação, mostrámos que os autores considerados clássicos podem ser uma presença constante nas aulas de Português. Porém, é fundamental a adequação de conceitos vários, mas devidamente explicitados. Igualmente, devem utilizar-se estratégias adequadas e, nesta planificação, é evidente a prevalência de estratégias de antecipação, do contacto com documentos autênticos, do preenchimento de mapas, esquemas/diagramas, da produção de texto e da leitura dos textos produzidos pelos alunos. Em todas as atividades, tentámos potenciar as aprendizagens de que os sujeitos já são portadores, o estabelecimento de relações entre o longe e o perto, a imaginação e a criatividade dos aprendentes, o encadeamento de ideias, a partilha de experiências, a expressão escrita, ou seja, tivemos a preocupação de promover a leitura enquanto instrumento de educação para a verdadeira cidadania.

Por conseguinte, foram desenvolvidas didáticas consideradas não convencionais, com recurso ao ensino explícito, à dinamização de atividades assentes em elementos integradores e integrados, em suma, toda a planificação decorreu em espiral à volta das expressões "jornal, notícia, visões do mundo".

Quanto aos materiais, utilizaram-se documentos autênticos, recorrendo, sempre que possível, ao uso de gravações e vídeos com comunicações reais, de falantes reais, em contextos reais de comunicação.

Ao longo desta reflexão, fomos, embora de forma implícita, defendendo e promovendo sempre a interação comunicativa, integrando os quatro *skills*: ouvir, falar, ler e escrever.

Bibliografia

Canale, M. e Swain, M. (1980). Theoretical bases of communicative approaches to second language teaching and testing. *Applied Linguistics 1*(1),1-47.

Chomsky, N. (1965). *Aspects of the theory of syntax*. Cambridge, Mass: MIT Press.

Ferrão Tavares, C. (2007). *Didáctica do português língua não materna no ensino básico*. Porto: Porto Editora.

Hymes, D. (1979). On Communicative Competence. In Brumfit e Johnson, *The Communicative Approach to Language Teaching* (pp. 5-26). Oxford: Oxford University Press.

Le Boterf, G. (1994). *De la compétence. Essai sur un attracteur étrange*. Paris : Les Editions d'organisation.

Pais, A. (2013). A unidade didática como instrumento e elemento integrador de desenvolvimento da competência leitora. In F. Azevedo e Mª G. Sardinha (Coord.), *Didática e Práticas. A língua e a educação literária* (pp.65-86). Guimarães: Opera Omnia.

Piaget, J. & Inhelder, B. (1982). *A psicologia da criança*. São Paulo: Difel.

Roldão, Mª. C. (2003). *Gestão do currículo e avaliação de competências*. Lisboa: Editorial Presença.

Valadares, L. (2003). *Transversalidade da Língua Portuguesa*. Porto: ASA.

Yopp, R. & Yopp, H. (2001). *Literature-Based Reading Activities*. Plymouth: Allyn & Bacon.

Capítulo 7

Gramática comparada: el perfecto compuesto peninsular en el discurso y su contraste con el *perfeito composto* del portugués europeo [30]

Luis Vicente Gómez García
Instituto Politécnico de Castelo Branco

Introducción

No disponemos de ningún estudio comparativo que aborde, a partir de una sólida base científica, la relación existente entre el perfecto compuesto del español peninsular y su homólogo del portugués europeo. La ausencia de investigaciones en este sentido obedece a la dificultad que supone clasificar la gran variedad de funciones que dentro del discurso puede asumir el perfecto compuesto en español, así como a la heterogeneidad en las definiciones que se le atribuyen en la bibliografía específica al pretérito perfecto compuesto como categoría gramatical. Ambos factores dificultan enormemente tanto la descripción del perfecto

[30] Gómez García, L. V. (2016). Gramática comparada: el perfecto compuesto peninsular en el discurso y su contraste con el perfeito composto del portugués europeo. In F. Azevedo, M. G. Sardinha, P. Osório e A. Pais (Coord.), *Elementos de Didática da Língua e da Literatura em Contexto Pedagógico* (pp. 135-163). Braga: Centro de Investigação em Estudos da Criança / Instituto de Educação. ISBN: 978-972-8952-40-2.

compuesto de manera aislada en una lengua, como el contraste entre los usos de este tiempo verbal en diferentes idiomas.

Así mismo, es conocida la complejidad semántica de los perfectos compuestos en las lenguas románicas, debida a una evolución desde el latín en la cual se combinan procesos evolutivos compartidos y divergentes. Por esta razón, las evidentes semejanzas existentes a nivel estructural entre los perfectos compuestos del ámbito románico, se concretan funcionalmente en un complejo entramado de contrastes semánticos, como sucede en la relación entre el perfecto compuesto español y su homólogo portugués, cuyos usos presentan numerosas equivalencias funcionales, más o menos parciales, así como divergen radicalmente en otras ocasiones.

Así pues, con la intención de establecer un contraste que – superando las dificultades que acabamos de señalar, y que han lastrado la necesaria investigación acerca de este asunto – explique adecuadamente las semejanzas y diferencias de uso entre el perfecto compuesto del español peninsular y el *perfeito composto* del portugués europeo, presentamos esta investigación[31].

Con este estudio enfrentamos la comparación entre ambos perfectos compuestos desde una sólida base empírica: por un lado, el análisis de investigaciones basadas en corpus de uso sobre el perfecto compuesto peninsular; y por otro, el examen, mediante juicios de (in)aceptabilidad gramatical, de la actuación de hablantes nativos de portugués europeo.

---

[31] En esta publicación presentamos los objetivos, metodología y resultados de la investigación realizada para la obtención del DEA, Diploma en Estudios Avanzados, en la Facultad de Filología de la Universidad de Salamanca, dirigida por la doctora Ana María García Martín.

Para describir y explicar la relación existente entre el perfecto compuesto y el *perfeito composto,* el presente trabajo se articula de la siguiente manera:

En primer lugar presentamos tres investigaciones de referencia basadas en corpus de uso sobre el perfecto compuesto y la forma simple del pretérito, a partir de las cuales proponemos una clasificación de los usos que la forma compuesta puede adquirir en el discurso.

Posteriormente, explicamos la metodología empleada para abordar la comparación entre ambos perfectos compuestos, que consiste en traducir a portugués, manteniendo en todas las oraciones el *perfeito composto,* una selección de cláusulas representativas de cada uno de los usos que, de acuerdo con las investigaciones analizadas, puede referir el perfecto compuesto peninsular en el discurso. Estas traducciones han sido presentadas a hablantes nativos de portugués a fin de que emitan sobre ellas sus juicios de (in)aceptabilidad gramatical.

Por último, presentamos los resultados conseguidos mediante los juicios de aceptabilidad en cada uno de los usos del perfecto compuesto, los que nos permitirá establecer las diferencias y similitudes de uso existentes entre el perfecto compuesto peninsular y el *perfeito composto* del portugués europeo.

Los usos del perfecto compuesto español en el discurso

A continuación presentamos tres investigaciones en las que el perfecto compuesto español aparece descrito a partir de corpus de uso, que nos sirven para entender el comportamiento, a nivel temporal y aspectual, de esta forma verbal en el discurso, con lo cual podremos determinar qué usos puede adquirir en un contexto de comunicación real.

En la investigación de Piñero Piñero (2000), *Perfecto simple y perfecto compuesto en la norma culta de Las Palmas de*

Gran Canaria, se realiza en primer lugar una revisión de las aportaciones más relevantes en el estudio del perfecto simple, el compuesto y la relación entre ambos. Tras este análisis de la bibliografía especializada, considera Piñero Piñero (2000:55-57) que podemos establecer tres criterios como determinantes en el uso en el discurso tanto del perfecto compuesto como de la forma simple del pretérito. El primero de ellos de naturaleza temporal, la inclusión o exclusión del momento del habla; aspectuales los otros dos, la acción única frente a la acción repetida y la acción durativa frente a la puntual. A partir de estos tres parámetros se examinan las apariciones del perfecto compuesto y de la forma simple del pretérito en un corpus oral del español en la norma culta de las Palmas de Gran Canaria.

André Thibault (2000) en su tesis doctoral, *Perfecto simple y Perfecto Compuesto en español preclásico*, reúne todas las ocurrencias de ambos perfectos en un corpus textual constituido por el *Teatro (todas las obras)* de Juan del Encina, *La celestina* de Fernando de Rojas y *El Diálogo de la Lengua*, de Juan de Valdés[32], para determinar — desde una gran variedad de niveles

---

[32] Las ediciones de estas obras que sirven como corpus al estudio de Thibault son las siguientes:
- Encina, Juan del, *Obras completas IV, Teatro*, edición, introducción y notas de Ana María Rambaldo, Madrid, Espasa-Calpe, 1983. (Elaborado a partir de ediciones sucesivas del *Cancionero*, 1496-1516).
- Rojas, Fernando de (et al), *Tragicomedia de Calisto y Melibea. Libro también llamado la Celestina,* edición de M. Marciales, Urbana y Chicago, University of Illinois Press, 2 tomos (I, introducción; II, edición crítica) (Primera edición conocida: Burgos 1499).
- Valdes, Juan de, Diálogo de la lengua, edición, introducción y notas de J. F. Montesinos, 5 edición, Madrid, Espasa-Calpe, 1969 (Compuesto en 1535-1536).

explicativos, entre los que sobresalen las características aspectuales o temporales, la situación enunciativa, las relaciones sintácticas y la estructura narrative – cómo se comportan el perfecto compuesto y el perfecto simple en el español escrito preclásico.

Por último, Gordon y Ruhstaller (1997), en el artículo "Acerca del sistema de los tiempos del español. Una categorización de distintos tipos de perfecto compuesto", sistematizan todos los tipos de perfecto compuesto que, según ambos lingüísticas, pueden emerger en un contexto de uso. Para ello examinan algunas investigaciones publicadas en lengua alemana que no han tenido la debida repercusión, lo que achacan a la difícil accesibilidad de las mismas, puesto que no se encuentran traducidas al español. Entre ellas prestan especial atención al estudio de Kuttert (1983), reconociendo que la elección de esta obra se debe a la precisión con que determina los contextos en que aparece el perfecto compuesto en el discurso, así como a las investigaciones de Eberenz (1981) y Berschin (1976).

Antes de comenzar con la categorización de usos del perfecto compuesto en el discurso, Gordon y Ruhstaller (1997:537) dejan constancia del reduccionismo con que las gramáticas y manuales describen las variadas funciones que el perfecto compuesto puede expresar en un contexto de uso real, al subrayar que "el morfema nunca aparece solo, es decir, aislado del contexto" Recuerdan a este respecto la variedad de usos que esta forma verbal puede adquirir en el discurso:

> el perfecto compuesto puede expresar tanto una acción que llega hasta el momento en que se habla sin finalizar en este, como una acción acabada en el pasado. También puede expresar una acción repetida. Puede estar acompañado de un adverbio ahora, pero también de un adverbio de tiempo que indica anterioridad al momento del discurso.

Para la elección de los corpus hemos tenido en cuenta la variedad en el uso de la lengua. Por ello, si bien el Corpus de Piñero Piñero (2000) está basado en la oralidad, con 20 horas de grabaciones, en el estudio de Gordon y Ruhstaller (1997) se atiende tanto a la vertiente escrita de la lengua como a la oral. Por su parte, Thibault (2000) se centra en los factores diacrónicos en el empleo del perfecto compuesto y de la forma simple del pretérito. Esta amplitud de perspectivas supone, evidentemente, una ventaja a la hora de establecer una clasificación de usos del perfecto compuesto en el discurso, puesto que, comparando semejanzas y divergencias entre estas tres investigaciones, podemos conseguir una más acertada y amplia descripción de las características temporales y aspectuales del perfecto compuesto.

El análisis de la información contenida en las tres investigaciones seleccionadas sobre las características temporales y aspectuales, centrales y complementarias, que definen el comportamiento en el discurso del perfecto compuesto peninsular, nos permite determinar con mayor exactitud los usos que esta forma verbal puede adquirir en un contexto de comunicación real.

La sistematización de usos del perfecto compuesto que a continuación llevaremos a cabo, se encuentra avalada por el hecho de provenir del cotejo de tres investigaciones de referencia donde esta forma verbal aparece en contextos de uso real de la lengua, lejos de los ejemplos aislados, reduccionistas, con que se suele describir al perfecto compuesto en las gramáticas y manuales.

Las oraciones con que ilustraremos cada uno de los usos de perfecto compuesto pertenecen a los tres estudios seleccionados, si bien en ocasiones añadimos otras provenientes de la NGLE (2009). Todas estas cláusulas forman parte del formulario presentado a los hablantes nativos para que emitieran sus juicios de aceptabilidad gramatical.

Perfecto Compuesto de anterioridad inmediata

El uso del perfecto compuesto denominado de "anterioridad inmediata", propio de aquellos contextos temporales que expresan acciones acabadas en un pasado próximo o en un instante anterior al momento del habla, siguiendo el criterio de proximidad temporal al momento de la enunciación, se documenta frecuentemente en las tres investigaciones analizadas. Suele aparecer este tipo de perfecto acompañado de indicadores temporales como *hace poco, hace dos horas, hace un momento, ayer, esta mañana a las diez*, y otros elementos lingüísticos similares constituidos por fechas, horas y días de la semana que implican un corte con el momento del habla.

Tanto para Piñero Piñero (2000:69) como para Gordon y Ruhstaller (1997:540) este uso del perfecto compuesto expresa únicamente situación en el tiempo de la eventualidad predicada, refiriendo exclusivamente acciones terminadas antes del momento del habla. Por esta razón, ambos autores introducen los conocidos test de complementación de Berschin (1975:549) para ilustrar este uso de anterioridad inmediata del perfecto compuesto:

> (1) *X: ¿Don Pedro no está?*
> *Y: No... hace poco.*

El perfecto compuesto de anterioridad inmediata también se contempla en La *Nueva gramática de la lengua española* de la Real Academia de la Lengua (2009:1729) (en adelante NGLE), que le dedica un capítulo bajo la denominación de "perfecto de hechos recientes", donde subraya que "el factor decisivo [...] es que el periodo temporal al que corresponde la situación mencionada no haya terminado en el momento del habla (el día de hoy, la semana, el mes o el año actuales)"

Reproducimos a continuación tres ejemplos de este uso del perfecto compuesto, provenientes de Gordon y Rushtaller (1997:540) y de la NGLE:

(2) *Un sueño, he tenido un sueño horrible ¡era espantoso¡*

(3) *Don Coste y don Lope, que acaban de salir de un restaurante:*

-Don Lope: ¡has comido como un camello¡

(4) *Lo he visto hace un momento* (NGLE).

El empleo del perfecto compuesto para referir la "anterioridad inmediata" de la situación predicada no es el único uso posible de esta forma verbal en el eje temporal, ya que, tal y como evidencian las tres investigaciones basadas en corpus de uso que hemos seleccionado, esta forma verbal adquiere habitualmente otros usos en el discurso.

Perfecto Compuesto resultativo

Como refieren Gordon y Ruhstaller (1997:547-550), el perfecto compuesto puede también adquirir un valor resultativo, expresando de este modo el resultado actual de una acción pasada, acabada. Este uso de la forma compuesta es, según Alarcos (1970), producto de la vigencia del valor etimológico de la perífrasis latina *"perspectum habeo"*, que se empleaba para describir estados resultantes de la conclusión de un evento previo. Por consiguiente, lo importante es que, en este perfecto de resultado, no importa el momento temporal en que se produce la acción pasada, sino sus efectos o consecuencias en el presente.

También recoge la NGLE (2009:1733) el uso resultativo del perfecto compuesto, señalando que en ocasiones el estado resultante que provoca puede ser parafraseado por la perífrasis *estar + participio*, mientras que en otros casos no es posible, lo que ejemplifica con estas dos cláusulas:

(5) *El niño ha roto el jarrón: El jarrón está roto.*
(6) *¿De dónde has sacado unos disparates semejantes?*

Lo significativo a nivel semántico en este tipo de perfecto compuesto es, por tanto, que el evento acabado ha producido un estado que mantiene vigente en el momento del habla. En muchas ocasiones resulta difícil distinguir entre este uso y el de anterioridad inmediata, siendo necesario un contexto más amplio para diferenciarlos. Reproducimos a continuación dos ejemplos extraídos del corpus de Gordon y Rushtaller (1997:547-550) para ilustrar el perfecto compuesto de resultado presente de una acción acabada.

(7) *Sí, papá. Ya te lo he preparado. Voy a traerlo*
(8) *¡Nos ha salvado¡- ¿Y qué? Bien perdidas estamos, de todos modos.*

Perfecto Compuesto de presente ampliado

Especialmente en el estudio de corpus de Piñero Piñero (2000), el contexto temporal de "presente ampliado" aparece como determinante, en español peninsular, para el empleo del perfecto compuesto. La creación del término presente ampliado, que parte de Alarcos (1970:24-25), se convierte en fundamental a la hora de establecer la oposición entre el perfecto compuesto y la forma simple del pretérito:

> se emplea el perfecto compuesto con los adverbios que indican que la acción se ha efectuado en un período de tiempo en el que se halla comprendido el momento presente del que habla o escribe: *hoy, estos días, esta tarde, este mes, en mis vida, en el siglo presente...*" "se emplea el perfecto simple con los adverbios que indican que la acción se produce en un período de tiempo en el que no está incluido el momento presente del que habla: *ayer, anoche, el mes pasado, aquel día, hace años, cuando...*

Esta teoría sobre el presente ampliado como factor elemental en el empleo del perfecto compuesto es completada por Otalora Otalora (1970:24), quien añade que en presencia o ausencia de aditamentos adverbiales, con el perfecto compuesto: "el significado del verbo se ha producido dentro de un periodo más o menos largo en el que se encuentra comprendido, objetiva o subjetivamente, el momento presente del que habla".

Con este uso de presente ampliado, el perfecto compuesto sitúa a los eventos que refiere dentro de un marco temporal que incluye el momento de la enunciación. Documentamos este tipo de perfecto compuesto de manera muy frecuente en las tres investigaciones cotejadas, normalmente acompañado de complementos temporales que, frente a lo sucedido en el uso de anterioridad inmediata, engloban en su referencia al momento del habla. Entre ellos sobresalen *este* seguido de secuencia temporal, *hoy, ahora, este, todavía y aún, últimamente, a* o *hasta* seguidos de una unidad de tiempo que incluye el presente. A continuación reproducimos una serie de ejemplos representativos del contexto temporal de presente ampliado extraídos del estudio de Gordon y Rushtaller (1997:542-545) y de la NGLE:

> *(9) Durante el siglo presente se han escrito infinidad de novelas.*
>
> *(10) Tienes que decirme por qué me has esquivado estos días.*
>
> *(11) Es cierto, he llorado mucho estos días (NGLE).*
>
> *(12) Al negocio pueden entrar funcionarios que durante años han estado dedicados a la venta y fabricación de almohadas (NGLE).*
>
> *(13)¿Sabes cuantos cuadros ha pintado esta semana? (NGLE).*
>
> *(14) Este año hemos invertido más de 6 millones de pesos en infraestructuras (NGLE).*
>
> *(15)¿Por qué no has ido hoy?*

(16) Esto me lo ha regalado mi suegro hoy.

Perfecto Compuesto de duración y repetición que alcanzan el momento del habla

Además del perfecto de anterioridad inmediata, de resultado y de presente ampliado, observamos en los tres estudios basados en corpus de uso seleccionados que el perfecto compuesto refiere frecuentemente eventualidades que, comenzando en un pasado, reciente o lejano, alcanzan el momento de la enunciación, pudiendo incluso continuar en el futuro.

Así, el estudio sincrónico de Gordon y Ruhstaller (1997:544) establece un segundo tipo de perfecto que subdivide en "a) expresión de una acción que se produce de un modo continuo hasta el momento del discurso y b) expresión de una acción que viene del pasado, repitiéndose hasta el momento del discurso". No obstante, señalan los autores que las dos lecturas guardan una estrecha relación semántica.

Del mismo modo, Thibault (2000:99-101 y 165-166) demuestra la acentuada preferencia en español preclásico por el perfecto compuesto para referir valores aspectuales de duración y repetición. Añade que cuando estos valores se expresan con el perfecto compuesto la iteración o una duración del proceso verbal predicado alcanzan el momento del habla.

Comprobamos, así mismo, que dentro del uso del perfecto compuesto para expresar eventualidades cuya extensión se prolonga hasta el momento del habla, debemos dividir entre las que se producen de manera continua, es decir, refiriendo un evento único durativo, y las que en cambio refieren una repetición de eventos. Si bien ambas lecturas tiene en común el hecho de que alcanzan el momento del habla, nos encontramos ante fenómenos semánticos divergentes; como mostraremos a

145

continuación, existe una nítida diferencia entre la duración continua y la repetición de las eventualidades referidas con este tipo de perfecto compuesto.

Tanto Gordon y Ruhstaller (1997:540) como Thibault (2000:165-166) coinciden en señalar que la presencia de un predicado verbal con modo de acción imperfectivo posibilita la expresión de eventos durativos, con inicio en un pasado próximo o lejano, pero cuya duración se prolonga hasta el momento del habla, sin que este le ponga necesariamente fin.

El uso del perfecto compuesto para referir la duración del proceso verbal predicado también se documenta en Piñero Piñero (2000:84-85), donde se concluye que si bien la acción durativa puede ser expresada tanto por el perfecto compuesto como por la forma simple del pretérito, cuando esta se prolonga hasta el momento del habla se utiliza exclusivamente la forma compuesta. Corrobora esta perspectiva de necesaria extensión hasta el momento del habla del acontecimiento expresado en perfecto compuesto, el estudio de Thibault (2000:68), en el cual *siempre, jamás y nunca* cuando se combinan con la forma compuesta incluyen necesariamente el momento del habla: "Los adverbios *jamás, nunca y siempre*, que en ciertos contextos secundarios no incluyen el momento de la enunciación […] siempre lo incluyen con el PC".

Debemos añadir que, en esta duración que alcanza el momento del habla, es irrelevante el carácter afirmativo o negativo de la cláusula: si esta duración es aún presente se utiliza exclusivamente el perfecto compuesto, tal y como podemos apreciar en los siguientes ejemplos procedentes de Piñero Piñero (2000:88-89) y Thibault (2000:66-68):

> (17) *He visto que la literatura canaria ha evolucionado de una forma bastante coherente durante este último tiempo* (Piñero Piñero).

> (18) *Aquella que siempre te ha sido enemiga* (Thibault).

146

(19) *Yo nunca en mi vida me he sentido reprimida* (Piñero Piñero).

(20) *Nunca me (me he) criado en Villa* (Thibault).

Una atenta lectura de todos estos ejemplos muestra que, además del empleo de predicados verbales con modo de acción imperfectivo, para crear una duración que se extiende hasta el momento del habla, se hace necesaria la presencia contextual de indicadores temporales como *este último tiempo, en mi vida, siempre, desde hace un mes...*, los cuales engloban a la eventualidad predicada en un periodo de tiempo que alcanza o incluye el momento del habla. Estudios de referencia como el de Cartagena (1999:2942) ya habían referido los requisitos indispensables para conseguir este tipo de perfecto: "La referida integración del estado de cosas [...] pero todavía existente en el momento del habla e incluso después de este, se obtiene [...] con verbos permanentes más una determinación adverbial de tipo *siempre, toda la vida...* "

Mientras que para conseguir la lectura durativa necesitamos la inclusión contextual de complementos temporales que provoquen la extensión del proceso verbal hasta el momento del habla junto a verbos imperfectivos, la lectura iterativa se obtiene, tal y como evidencian las tres investigaciones basadas en corpus de uso que nos sirven como base para este estudio, con una más variada gama de recursos contextuales. Entre ellos destacan los adverbios o locuciones adverbiales de repetición como *muchas veces, tres veces, ocho veces, treinta veces, siempre...*; los grupos nominales de pluralidad, tales como *vuestras cartas, tantas premisas*; e incluso los complementos adverbiales o deícticos que indican un periodo de tiempo que llega hasta el presente, prolongando la iteración del proceso verbal al momento del habla.

Frente a la duración que llega al momento del habla, en la cual se requería la presencia de predicados imperfectivos, la lectura iterativa se consigue tanto con verbos perfectivos, originando una repetición de puntos, como con verbos imperfectivos, en cuyo caso la repetición es de intervalos o segmentos de tiempo. Con el fin de demostrar que cualquier predicado verbal da lugar a esta lectura, además de mostrar algunos elementos lingüísticos necesarios para obtenerla, reproducimos a continuación ejemplos extraídos de Gordon y Ruhstaller (1997:545) y Thibault (2000:97-103):

(21) *Le he saludado en diversas ocasiones* (Gordon y Rushtaller).

(22) *España ha producido grandes hombres en armas y letras* (Gordon y Rushtaller).

(23) *Muchas vezes te he rogado/ y pedido y suplicado que de noche no andes fuera* (Thibault).

(24) *Mas he notado en vuestras cartas que, en algunos vocablos, unas vezes ponéis a al principio y otras no* (Thibault).

(25) *Ya me lo has dicho tres veces y no te he querido replicar* (Gordon y Rushtaller).

(26) *Señor mío: tengo veintinueve años y he poseído seis amantes* (Gordon y Rushtaller).

(27) *Tres vezes te é librado de la justicia, cuatro veces desempeñado en los tableros ¿Por qué lo hago?* (Thibault).

Coinciden, además, Piñero Piñero (2000:83) y Thibault (2000:99) en señalar que, como podemos comprobar en los ejemplos recién reproducidos, cuando el perfecto compuesto aparece acompañado de complementos plurales como *vuestras cartas* o *grandes hombres* y adverbios de repetición como *tres veces* o *muchas veces*, se indica bien una iteración que llega al momento del habla, o bien una serie de eventos ilimitada, en el sentido de que no se expresa en el momento de la enunciación la conclusión de la serie de repeticiones.

Metodología comparativa: formulario y juicios de aceptabilidad

Una vez conseguido, gracias al cotejo de las tres investigaciones basadas en corpus de uso, describir todas las posibilidades expresivas del perfecto compuesto peninsular en el discurso, necesitamos establecer un marco comparativo que nos permita contrastar esta forma verbal con el *perfeito composto* del portugués europeo.

Dada la unanimidad existente entre los lingüistas que del *perfeito composto* se han ocupado, en el sentido de que esta forma verbal manifiesta un uso realmente limitado en comparación con los otros perfectos compuestos del ámbito románico, así como debido a la inexistencia de investigaciones basadas en corpus sobre el *perfeito composto*, hemos creado un formulario de oraciones que reúne todos los usos que el perfecto compuesto peninsular puede referir en el discurso. Posteriormente lo hemos traducido al portugués, manteniendo en todas las oraciones el *perfeito composto*, y lo hemos presentado a hablantes nativos de portugués europeo, para, con los datos que nos proporciona su actuación, averiguar qué usos de perfecto con compartidos y divergentes entre el perfecto compuesto peninsular y el *perfeito composto* del portugués europeo.

La actuación de los hablantes nativos se concreta en este estudio mediante la realización de juicios de aceptabilidad gramatical sobre cada una de las oraciones que conforman el formulario. Consideramos que los juicios de gramaticalidad resultan esenciales para describir una determinada estructura lingüística, puesto que, al diferenciar entre las oraciones aceptables y las agramaticales, salvaguardan las reglas que conforman el sistema de una determinada lengua.[33]

El procedimiento elegido para efectuar los juicios de aceptabilidad ha sido la pregunta directa[34], mediante la cual hemos solicitado a nuestros informantes[35] que juzguen la gramaticalidad y/o aceptabilidad de cada una de las cláusulas del formulario. Son dos las preguntas enunciadas a los informantes inmediatamente después de haber sido presentada cada cláusula:

> 1. ¿Considera gramatical la siguiente oración?
>
> 2. ¿Qué alteraría de la oración para hacerla gramaticalmente aceptable?

Resultados de los juicios de aceptabilidad en cada uso del perfecto compuesto

De los resultados obtenidos mediante los juicios de aceptabilidad efectuados por los seis informantes nativos de portugués europeo destacan dos aspectos:

El primero, relativo a la pregunta ¿Considera gramatical la siguiente oración?, es la homogeneidad en las respuestas de los

---

[33] Álvarez González, A. (2006:140), al examinar investigaciones lingüísticas basadas en informantes, concluye que "el juicio de gramaticalidad preserva las reglas de funcionamiento del lenguaje, condenando las oraciones mal formadas"

[34] "La pregunta directa, mediante la cual se solicita al hablante que juzgue la gramaticalidad y/o la aceptabilidad de ciertas construcciones, constituye uno de los procedimientos básicos del análisis lingüístico para la determinación de los datos que representan la competencia lingüística del hablante nativo" (Carmen Silva-Corvalán, Andrés Enrique-Arias 2001:63).

[35] Los informantes, que desconocían la finalidad de la investigación, son seis hablantes nativos de portugués europeo con estudios universitarios, de ambos sexos y cuyas edades oscilan entre los 27 y 36 años.

informantes; han coincidido plenamente en las oraciones que consideran aceptables así como en las que rechazan. Si bien tal unanimidad puede resultar a priori llamativa, estudios como el de Medina de Callarotti (1993:33) señalan que los hablantes nativos de una lengua manifiestan casi siempre convergencia en sus evaluaciones de (in)aceptabilidad gramatical.

El segundo aspecto reseñable tras haber llevado a cabo los juicios de aceptabilidad, en este caso concerniente al segundo interrogante planteado, ¿Qué alteraría de la oración para hacerla gramaticalmente aceptable?, es que en las oraciones rechazadas nuestros informantes siempre sustituyen el *perfeito composto* por la forma simple del pretérito o por la perífrasis *acabar de + infinitivo*, lo que viene a confirmar las hipótesis de partida de esta investigación: la anterioridad inmediata así como otros usos de perfecto no son asumidos por el *perfeito composto* del portugués europeo, cuyo campo de acción es verdaderamente reducido en comparación con otros perfectos compuesto del ámbito románico como el español.

A partir de la relación existente entre los resultados obtenidos en las oraciones del formulario por medio de los juicios de aceptabilidad gramatical y los elementos lingüísticos contenidos en estas cláusulas, determinaremos cómo se comporta el *perfeito composto* en cada uno de los usos que el perfecto compuesto del español peninsular refiere habitualmente en el discurso, de acuerdo con las tres investigaciones basadas en corpus sobre esta forma verbal que hemos seleccionado, a saber, perfecto compuesto de anterioridad inmediata; perfecto compuesto de resultado presente de una acción acabada; perfecto compuesto de duración o repetición que se extiende hasta el momento del habla; y perfecto compuesto de presente ampliado.

Perfectos Compuestos de anterioridad inmediata y uso resultativo[36]

Los informantes nativos no aceptan las traducciones realizadas del perfecto compuesto al *perfeito composto* en ninguna de las oraciones del formulario que expresan anterioridad inmediata. Se decantan, en cambio, por el uso de la forma simple del pretérito, o incluso de la perífrasis *acabar de +* *infinitivo* para referir acontecimientos sucedidos en un pasado inmediato. El grado de proximidad temporal al momento del habla no es, por lo tanto, determinante en el uso del *perfeito* *composto* del portugués europeo: ningún evento, por muy cercano que este se encuentre al momento del habla, como indican las expresiones *hace un momento, hace dos horas*, es admitido por los informantes consultados:

> (2) *Un sueño, he tenido un sueño horrible ¡era espantoso¡*
>
> **Um sonho, tenho tido um sonho terrível, era terrível!*
>
> *Um sonho, tive um sonho terrível, era terrível!*

---

[36] Las oraciones que ejemplifican las respuestas de los informantes a los juicios de aceptabilidad gramatical son las mismas que las empleadas para ilustrar cada uno de los usos del perfecto compuesto referidos en el apartado 1, de ahí que mantengamos la numeración con que aparecen por primera vez. Todas ellas pertenecen, además, al formulario utilizado en la investigación que da pie a esta publicación. Debemos advertir, además, que cuando los informantes rechazan las traducciones a portugués de estas oraciones, lo señalamos gráficamente con un asterisco,*, reproduciendo a continuación la corrección que efectúan para hacerla gramaticalmente aceptable.

(3) *Don Coste y don Lope, que acaban de salir de un restaurante:*

-Don Lope: ¡has comido como un camello¡

Don Coste e Don Lope, que acabam de sair de um restaurante:

*Don Lope: tens comido como um camelo!

Don Lope: comeste como um camelo!

(4) *Lo he visto hace un momento*

*Tenho-o visto há um bocado.

Vi-o há um bocado.

También rechazan los seis informantes nativos todas las oraciones que expresan con *perfeito composto* el estado resultante de una acción acabada, esto es, el denominado uso resultativo del perfecto compuesto. Optan, de nuevo, por la forma simple del pretérito o por la perífrasis *acabar de*.

(5) *El niño ha roto el jarrón: El jarrón está roto.*

*O menino tem partido a jarra: A jarra está partida.

O menino partiu a jarra: A jarra está partida.

(6) *¿De dónde has sacado unos disparates semejantes?*

*Onde é que tens tirado essas parvoíces?

Onde é que foste ver dessas parvoíces?

(7) *Sí, papá. Ya te lo he preparado. Voy a traerlo*

*Sim papá, já está feito, já o tenho feito, vou trazê-lo.

Sim papá, já está feito, já o fiz, vou trazê-lo

(8) *¡Nos ha salvado¡- ¿Y qué? Bien perdidas estamos, de todos modos.*

153

Tem-nos salvado! E depois? Estamos perdidas de qualquer maneira.

Salvou-nos! E depois? Estamos perdidas de qualquer maneira

Perfecto Compuesto de presente ampliado

Cuando presentamos a nuestros informantes las cláusulas de presente ampliado traducidas a portugués con el *perfeito composto*, se produce la aceptación de una parte de ellas, al tiempo que otras son consideras agramaticales por los informantes nativos consultados. Un atento análisis de este comportamiento nos permite identificar qué semántica acepta y cuál rechaza el *perfeito composto* en las oraciones que refieren eventos producidos dentro de un marco temporal que incluye el momento del habla, esto es, en un presente ampliado.

Por un lado, los seis informantes nativos señalan que un conjunto de oraciones de presente ampliado, de las cuales reproducimos cuatro, son adecuadas en su expresión con el *perfeito composto*:

(9) Durante el siglo presente se han escrito infinidad de novelas

Durante o presente século têm-se escrito uma infinidade de romances.

(10) Tienes que decirme por qué me has esquivado estos días

Tens de me dizer por que é que me tens evitado estes dias

(11) Es cierto, he llorado mucho estos días

É verdade, tenho chorado muito estes dias.

(12) Al negocio pueden entrar funcionarios que durante años han estado dedicados a la venta y fabricación de almohadas

No negócio podem entrar funcionários que durante anos se tem dedicado à venda e fabricação de almofadas.

Por otro lado, los hablantes nativos de portugués europeo rechazan otras oraciones donde el *perfeito composto* ocurre junto a indicadores temporales de presente ampliado. Entre estas oraciones no aceptadas por nuestros informantes, que optan por emplear la forma simple del pretérito, encontramos las siguientes:

(13)¿Sabes cuantos cuadros ha pintado esta semana?

*Sabes quantos quadros tem pintado esta semana?

Sabes quantos quadros pintou esta semana?

(14) Este año hemos invertido más de 6 millones de pesos en infraestructuras

*Este ano temos investido mais de 6 milhões de pesos em infra-estruturas.

Este ano investimos mais de 6 milhões de pesos em infra-estruturas.

(15)¿Por qué no has ido hoy?

*Porque é que não tens ido hoje?

Porque é que não foste hoje?

(16) Esto me lo ha regalado mi suegro hoy

*Isto foi um presente que o meu sogro me tem oferecido hoje.

Isto foi um presente que o meu sogro me ofereceu hoje.

Dentro de este uso de perfecto compuesto en un presente ampliado, en que esta forma verbal aparece acompañada de complementos adverbiales que sitúan la eventualidad dentro de los límites del día de hoy o de la semana, mes o año actuales, o sea, en un espacio temporal que abarca el momento del habla, la aceptación o rechazo de las oraciones del formulario por parte de los informantes nativos se corresponde a nivel lingüístico con los siguientes fenómenos:

Por una parte, observamos que las oraciones aceptadas tienen el común denominador de disponer de indicadores deícticos plurales como *estes días* y complementos de pluralidad como *funcionarios* y *infinidade de romances*, los cuales confieren a las eventualidades predicadas una duración o repetición que se prolonga hasta el momento del habla, semántica equiparable a la referida en el uso de perfecto de duración o iteración hasta el momento de la enunciación.

Por otra parte, los indicadores deícticos y los complementos contenidos en las oraciones con *perfeito composto* rechazadas por nuestros informantes, *esta semana*, *hoje*, *este ano*, *um presente…*, debido a su naturaleza singular, se centran exclusivamente en ubicar al proceso verbal en un intervalo temporal que engloba en su designación al momento de la enunciación, sin otorgarle duración o repetición. Estamos, entonces, ante acciones puntuales insertadas en un periodo de tiempo que incluye el momento del habla en su referencia temporal, sin dentro de este marco temporal referir repetición o duración. Por ello, los informantes, tras señalar su agramaticalidad, emplean siempre la forma simple del pretérito.

Perfecto Compuesto de duración o repetición que se prolonga hasta el momento del habla

Como habíamos señalado existe una subdivisión, entre duración y repetición del proceso verbal, en el uso del perfecto compuesto donde las eventualidades predicadas alcanzan el momento del habla.

En analogía con lo sucedido en las oraciones del contexto de presente ampliado, los informantes que emiten sus juicios de aceptabilidad en las oraciones que expresan eventos durativos únicos que llegan al momento del habla, consideran adecuadas algunas cláusulas, al tiempo que rechazan otras sustituyéndolas siempre por la forma simple del pretérito. Entre las oraciones del formulario consideradas gramaticalmente aceptables por los hablantes nativos de portugués europeo se encuentran el siguiente par:

(17) He visto que la literatura canaria ha evolucionado de una forma bastante coherente durante este último tiempo
Reparei que a literatura canária tem evoluído duma maneira coerente durante os últimos tempos.

(18) Aquella que siempre te ha sido enemiga

Aquela que tem sido sempre a tua inimiga

Algunas de las oraciones de este uso del perfecto compuesto que, en cambio, rechazan los informantes, optando por su expresión con el *perfeito simples* de indicativo, son estas:

(19) Yo nunca en mi vida me he sentido reprimida
*Eu nunca na minha vida me tenho sentido reprimida.
Eu nunca na minha vida me senti reprimida
(20) Nunca me (me he) criado en Villa
*Nunca tenho crescido numa vila.
Nunca cresci numa vila

Observamos que las oraciones del formulario con *perfeito composto* que contienen *nunca*, aunque provocan que el proceso verbal referido alcance en su extensión temporal el momento del habla, son siempre rechazadas por los seis informantes consultados. Por el contrario, la combinación del *perfeito composto* con indicadores como *sempre* o *este último tempo* es aceptada por los hablantes nativos de portugués europeo. De ello se infiere que el portugués europeo no admite la negación con el *perfeito composto* si esta aparece expresada por medio del adverbio *nunca*.

Al igual que en lo sucedido con las oraciones durativas, en el otro tipo de oraciones que refieren eventos que alcanzan el momento del habla, en este caso mediante la repetición del proceso verbal, los informantes nativos aceptan con naturalidad algunas cláusulas mientras que rechazan otras, completando estas últimas exclusivamente con el *perfeito simples*. Este diferente comportamiento nos muestra, en las oraciones que expresan una repetición hasta el momento del habla, qué semántica del proceso verbal puede referir el *perfeito composto* y cuál es incompatible con esta forma verbal. Reproducimos a continuación algunas de las oraciones con *perfeito composto* aceptadas por nuestros informantes:

> *(21) Le he saludado en diversas ocasiones*
>
> *Tenho-o cumprimentado em diversas ocasiões.*

> *(22) España ha producido grandes hombres en armas y letras*
>
> *A Espanha tem produzido grandes homens em armas e letras.*

> *(23) Muchas vezes te he rogado/ y pedido y suplicado que de noche no andes fuera*
>
> *Tenho-te implorado e pedido... muitas vezes para não saíres de noite.*

> *(24) Mas he notado en vuestras cartas que, en algunos vocablos, unas vezes ponéis a al principio y otras no*

Mas tenho reparado nas vossas cartas que, em alguns vocábulos, às vezes escrevem o a no início e outras não...

En contraposición, rechazan todos los hablantes nativos las siguientes oraciones expresadas con *perfeito composto*, substituyendo siempre esta forma verbal por el *perfeito simples* del indicativo:

> *(25) Ya me lo has dicho tres veces y no te he querido replicar*
>
> **Já o tens dito três vezes e não te quis replicar.*
>
> *Já o disseste três vezes e não te quis replicar.*

> *(26) Señor mío: tengo veintinueve años y he poseído seis amantes*
>
> **Meu senhor: tenho vinte e nove anos e já tenho tido seis amantes.*
>
> *Meu senhor: tenho vinte e nove anos e já tive seis amantes*

> *(27) Tres vezes te é librado de la justicia, cuatro veces desempeñado en los tableros ¿Por qué lo hago?*
>
> **Três vezes te tenho livrado da justiça, quatro vezes... porque é que o faço?*
>
> *Três vezes te livrei da justiça, quatro vezes.... por que é que o faço?*

Resulta evidente concluir, con base en los inequívocos resultados de los juicios de aceptabilidad gramatical efectuados por los informantes nativos, que el *perfeito composto* del portugués europeo es incompatible con la referencia al número exacto de repeticiones del predicado verbal. Por ello las oraciones del formulario que contienen *tres vezes, seis amantes*... pasan a ser expresadas mediante la forma simple del pretérito. Entonces, para conseguir una lectura iterativa de perfecto compuesto que llegue al momento del habla con el *perfeito composto* se requiere, además de una indeterminación respecto al número de repeticiones del proceso verbal, que pueda interpretarse el marco temporal referido como extendido hasta el momento del habla.

Conclusiones del contraste

Los resultados de los juicios de (in)aceptabilidad gramatical, efectuados sobre un formulario de oraciones —traducidas a portugués manteniendo en todas ellas el *perfeito composto* — que reúne los diversos usos que, según tres investigaciones de referencia, el perfecto compuesto peninsular puede adoptar en el discurso, nos permiten determinar la relación existente entre el perfecto compuesto del español peninsular y el *perfeito composto* del portugués europeo.

Como evidencian los tres estudios en los que el perfecto compuesto español es descrito a partir de corpus de uso, esta forma verbal dispone de un campo de acción semántico realmente extenso. Es utilizado de manera frecuente como perfecto compuesto de anterioridad inmediata, cuyo factor determinante es la proximidad temporal al presente, así como para expresar el estado resultante de una acción acabada. Además, con esta forma verbal podemos referir eventos que llegan al momento del habla, bien mediante la duración única del proceso verbal, con eventualidades afirmativas o negativas, o bien a través de la repetición, determinada o indeterminada, del mismo. Por último, y dentro de su uso como perfecto de presente ampliado, puede denotar eventos acabados pero situados en un intervalo temporal conectado con momento del habla, y procesos verbales que no se agotan dentro de este marco temporal.

En cambio, tal y como evidencian los resultados obtenidos por medio de los juicios de aceptabilidad, el campo de acción del *perfeito composto* del portugués europeo es verdaderamente limitado, ya que no acepta lecturas de perfecto compuesto de anterioridad inmediata ni de uso resultativo. Tampoco aquellas producidas en un contexto de presente ampliado donde el proceso verbal referido se agota dentro del marco temporal característico de este uso de perfecto. En todos estos casos, los informantes portugueses utilizan casi siempre la forma simple del pretérito.

Ahora bien, el *perfeito composto* acepta la expresión de procesos verbales cuya duración o repetición alcanzan el momento del habla, así como los contextos de presente ampliado donde el proceso verbal dura o se repite hasta el momento del habla. No obstante, frente a la flexibilidad aspectual del perfecto compuesto peninsular, el *perfeito composto* manifiesta importantes restricciones aspectuales en estos usos de perfecto: en la lectura durativa no admite la negación producida por el adverbio *nunca*, al tiempo que en la iterativa es incompatible con la especificación del número exacto de ocurrencias del proceso verbal.

Bibliografía

Alarcos Llorach, E. (1970). Perfecto simple y compuesto. *Estudios de gramática funcional del español*, 13-49.

Álvarez González, A (2006). *La Variación Lingüística y el Léxico. Conceptos fundamentales y problemas metodológicos*. Hermosillo-Sonora, México: editorial de la Universidad de Sonora.

Barrera-Vidal, A. (1972). *Parfait simple et parfait compasé en castillan moderne*. Munich: Max Hueber.

Berschin, H. (1975). A propósito de la teoría de los tiempos verbales. Perfecto simple y perfecto compuesto en el español peninsular y colombiano. *Universidad de Regensburg, Nº3*, 539-556.

Berschin, H. (1976). *Präteritum-und Perfektgebrauch im heutigen Spanisch*. Tübingen: Niemeyer.

Cartagena, N. (1999). Los tiempos compuestos. En I. Bosque & V. Demonte, *Gramática descriptiva del español* (pp. 2935-2976). Madrid: Espasa-Calpe.

Catalán, D. (1964). El español en Canarias. *Presente y Futuro de la Lengua Española, I*, 239-280.

Comrie, B. (1976). *Aspect: An introduction to the study of verbal aspect and related problems*. Cambridge: Cambridge University Press.

Comrie, B. (1985). *Tense*. Cambridge: Cambridge University Press.

Eberenz, R. (1981). *Tempus und Textkonstitution im Spanischen*. Tübingen.

Gordon, M. D. & Ruhstaller, S. (1997). *Acerca del sistema de los tiempos del español*. CAUCE. Revista de Filología y su Didáctica.

Herrera, S. J., & Medina López, J. (1991). Perfecto simple/perfecto compuesto: Análisis sociolingüístico. *Revista de Filología de la Universidad de la Laguna, 10*, 227-239.

Kuttert, R. (1982). *Syntaktische und semantische Differenzierung der spanischen Tempusformen der Vergangenheit perfecto simple, perfecto compuesto und imperfecto*. Frankfurt: Bern.

Medina de Callarotti, M. E. (1993). *Capacidad metalingüística. Un estudio de la detección y explicación de anomalía*. Caracas: Ediciones de la Universidad Simón Bolivar.

Otálora Otálora, G. (1970). El perfecto simple y compuesto en el español actual peninsular. *Español Actual, 16*, 24-28.

Piñero Piñero, G. (2000). *Perfecto simple y perfecto compuesto en la norma culta de Las Palmas de Gran Canaria* (1ª ed.). Madrid: Vervuert-Iberoamericana.

Real Academia Española y Asociación de Academias de la Lengua Española. (2009). *Nueva Gramática de la Real Academia de la Lengua*. Madrid: Espasa.

Silva-Corvalán, C. & Enrique-Arias, A. (2001). *Sociolingüística y pragmática del español*. Washington D.C.: Georgetown University Press.

Thibault, A. (2000). *Perfecto simple y Perfecto Compuesto en español preclásico* (1ª ed.). Tübingen: Max Niemeyer Verlag.

www.ingramcontent.com/pod-product-compliance
Lightning Source LLC
Chambersburg PA
CBHW030933090426
42737CB00007B/418